心一堂術數古籍珍本叢刊

書名：安溪地話（風水正原二集）
系列：心一堂術數古籍珍本叢刊　堪輿類　第二輯　157
作者：【清】余天藻
主編、責任編輯：陳劍聰
心一堂術數古籍珍本叢刊編校小組：陳劍聰　素聞　鄒偉才　虛白盧主

出版：心一堂有限公司
通訊地址：香港九龍旺角彌敦道六一〇號荷李活商業中心十八樓〇五—〇六室
深港讀者服務中心·中國深圳市羅湖區立新路六號羅湖商業大厦負一層〇〇八室
電話號碼：(852)67150840
網址：publish.sunyata.cc
電郵：sunyatabook@gmail.com
網店：http://book.sunyata.cc
淘寶店地址：https://shop210782774.taobao.com
微店地址：https://weidian.com/s/1212826297
臉書：https://www.facebook.com/sunyatabook
讀者論壇：http://bbs.sunyata.cc/

版次：二零一九年四月初版
平裝

定價：港幣　一百九十八元正
　　　新台幣　七百九十八元正

國際書號：ISBN 978-988-8582-56-3

香港發行：香港聯合書刊物流有限公司
地址：香港新界大埔汀麗路36號中華商務印刷大厦3樓
電話號碼：(852)2150-2100
傳真號碼：(852)2407-3062
電郵：info@suplogistics.com.hk

台灣發行：秀威資訊科技股份有限公司
地址：台灣台北市內湖區瑞光路七十六巷六十五號一樓
電話號碼：+886-2-2796-3638
傳真號碼：+886-2-2796-1377
網絡書店：www.bodbooks.com.tw
台灣秀威書店讀者服務中心：
地址：台灣台北市中山區松江路二〇九號一樓
電話號碼：+886-2-2518-0207
傳真號碼：+886-2-2518-0778
網絡書店：http://www.govbooks.com.tw

中國大陸發行　零售：深圳心一堂文化傳播有限公司
深圳地址：深圳市羅湖區立新路六號羅湖商業大厦負一層〇〇八室
電話號碼：(86)0755-82224934

心一堂微店二維碼

心一堂淘寶店二維碼

心一堂術數古籍 珍本 整理 叢刊 總序

術數定義

術數，大概可謂以「推算（推演）、預測人（個人、群體、國家等）、事、物、自然現象、時間、空間方位等規律及氣數，並或通過種種『方術』，從而達致趨吉避凶或某種特定目的」之知識體系和方法。

術數類別

我國術數的內容類別，歷代不盡相同，例如《漢書・藝文志》中載，漢代術數有六類：天文、曆譜、五行、蓍龜、雜占、形法。至清代《四庫全書》，術數類則有：數學、占候、相宅相墓、占卜、命書、相書、陰陽五行、雜技術等，其他如《後漢書・方術部》、《藝文類聚・方術部》、《太平御覽・方術部》等，對於術數的分類，皆有差異。古代多把天文、曆譜、及部分數學均歸入術數類，而民間流行亦視傳統醫學作為術數的一環；此外，有些術數與宗教中的方術亦往往難以分開。現代民間則常將各種術數歸納為五大類別：命、卜、相、醫、山，通稱「五術」。

本叢刊在《四庫全書》的分類基礎上，將術數分為九大類別：占筮、星命、相術、堪輿、選擇、三式、讖諱、理數（陰陽五行）、雜術（其他）。而未收天文、曆譜、算術、宗教方術、醫學。

術數思想與發展——從術到學，乃至合道

我國術數是由上古的占星、卜筮、形法等術發展下來的。其中卜筮之術，是歷經夏商周三代而通過「龜卜、蓍筮」得出卜（筮）辭的一種預測（吉凶成敗）術，之後歸納並結集成書，此即現傳之《易

經》。經過春秋戰國至秦漢之際，受到當時諸子百家的影響、儒家的推崇，遂有《易傳》等的出現，原本是卜筮術書的《易經》，被提升及解讀成有包涵「天地之道（理）」之學。因此，《易・繫辭傳》曰：「易與天地準，故能彌綸天地之道。」

漢代以後，易學中的陰陽學說，與五行、九宮、干支、氣運、災變、律曆、卦氣、讖緯、天人感應說等相結合，形成易學中象數系統。而其他原與《易經》本來沒有關係的術數，如占星、形法、選擇，亦漸漸以易理（象數學說）為依歸。《四庫全書・易類小序》云：「術數之興，多在秦漢以後。要其旨，不出乎陰陽五行，生尅制化。實皆《易》之支派，傳以雜說耳。」至此，術數可謂已由「術」發展成「學」。

及至宋代，術數理論與理學中的河圖洛書、太極圖、邵雍先天之學及皇極經世等學說給合，通過術數以演繹理學中「天地中有一太極，萬物中各有一太極」（《朱子語類》）的思想。術數理論不單已發展至十分成熟，而且也從其學理中衍生一些新的方法或理論，如《梅花易數》、《河洛理數》等。

在傳統上，術數功能往往不止於僅僅作為趨吉避凶的方術，及「能彌綸天地之道」的學問，亦有其「修心養性」的功能，「與道合一」（修道）的內涵。《素問・上古天真論》：「上古之人，其知道者，法於陰陽，和於術數。」數之意義，不單是外在的算數、歷數、氣數，而是與理學中同等的「道」、「理」——心性的功能，北宋理氣家邵雍對此多有發揮：「聖人之心，是亦數也」、「萬化萬事生乎心」、「心為太極」。《觀物外篇》：「先天之學，心法也。……蓋天地萬物之理，盡在其中矣，心一而不分，則能應萬物。」反過來說，宋代的術數理論，受到當時理學、佛道及宋易影響，認為心性本質上是等同天地之太極。天地萬物氣數規律，能通過內觀自心而有所感知，即是內心也已具備有術數的推演及預測、感知能力；相傳是邵雍所創之《梅花易數》，便是在這樣的背景下誕生。

《易・文言傳》已有「積善之家，必有餘慶；積不善之家，必有餘殃」之說，至漢代流行的災變說及讖緯說，我國數千年來都認為天災，異常天象（自然現象），皆與一國或一地的施政者失德有關；下至家族、個人之盛衰，也都與一族一人之德行修養有關。因此，我國術數中除了吉凶盛衰理數之外，人心的德行修養，也是趨吉避凶的一個關鍵因素。

術數與宗教、修道

在這種思想之下，我國術數不單只是附屬於巫術或宗教行為的方術，又往往是一種宗教的修煉手段--通過術數，以知陰陽，乃至合陰陽（道）。「其知道者，法於陰陽，和於術數。」例如，「奇門遁甲」術中，即分為「術奇門」與「法奇門」兩大類。「法奇門」中有大量道教中符籙、手印、存想、內煉的內容，是道教內丹外法的一種重要外法修煉體系。甚至在雷法一系的修煉上，亦大量應用了術數內容。此外，相術、堪輿術中也有修煉望氣（氣的形狀、顏色）的方法；堪輿家除了選擇陰陽宅之吉凶外，也有道教中選擇適合修道環境（法、財、侶、地中的地）的方法，以至通過堪輿術觀察天地山川陰陽之氣，亦成為領悟陰陽金丹大道的一途。

易學體系以外的術數與的少數民族的術數

我國術數中，也有不用或不全用易理作為其理論依據的，如揚雄的《太玄》、司馬光的《潛虛》。也有一些占卜法、雜術不屬於《易經》系統，不過對後世影響較少而已。

外來宗教及少數民族中也有不少雖受漢文化影響（如陰陽、五行、二十八宿等學說。）但仍自成系統的術數，如古代的西夏、突厥、吐魯番等占卜及星占術，藏族中有多種藏傳佛教占卜術、苯教占卜術、擇吉術、推命術、相術等；北方少數民族有薩滿教占卜術；不少少數民族如水族、白族、布朗族、佤族、彝族、苗族等，皆有占雞（卦）草卜、雞蛋卜等術，納西族的占星術、占卜術，彝族畢摩的推命術、占卜術……等等，都是屬於《易經》體系以外的術數。相對上，外國傳入的術數以及其理論，對我國術數影響更大。

曆法、推步術與外來術數的影響

我國的術數與曆法的關係非常緊密。早期的術數中，很多是利用星宿或星宿組合的位置（如某星在某州或某宮某度）付予某種吉凶意義，并據之以推演，例如歲星（木星）、月將（某月太陽所躔之宮次）等。不過，由於不同的古代曆法推步的誤差及歲差的問題，若干年後，其術數所用之星辰的位置，已與真實星辰的位置不一樣了；此如歲星（木星），早期的曆法及術數以十二年為一周期（以應地支），與木星真實周期十一點八六年，每幾十年便錯一宮。後來術家又設一「太歲」的假想星體來解決，是歲星運行的相反，週期亦剛好是十二年。而術數中的神煞，很多即是根據太歲的位置而定。又如六壬術中的「月將」，原是立春節氣後太陽躔娵訾之次而稱作「登明亥將」，至宋代，因歲差的關係，要到雨水節氣後太陽才躔娵訾之次，當時沈括提出了修正，但明清時六壬術中「月將」仍然沿用宋代沈括修正的起法沒有再修正。

由於以真實星象周期的推步術是非常繁複，而且古代星象推步術本身亦有不少誤差，大多數術數除依曆書保留了太陽（節氣）、太陰（月相）的簡單宮次計算外，漸漸形成根據干支、日月等的各自起例，以起出其他具有不同含義的眾多假想星象及神煞系統。唐宋以後，我國絕大部分術數都主要沿用這一系統，也出現了不少完全脫離真實星象的術數，如《子平術》、《紫微斗數》、《鐵版神數》等。後來就連一些利用真實星辰位置的術數，如《七政四餘術》及選擇法中的《天星選擇》，也已與假想星象及神煞混合而使用了。

隨着古代外國曆（推步）、術數的傳入，如唐代傳入的印度曆法及術數，元代傳入的回回曆等，其中我國占星術便吸收了印度占星術中羅睺星、計都星等而形成四餘星，又通過阿拉伯占星術而吸收了其中來自希臘、巴比倫占星術的黃道十二宮、四大（四元素）學說（地、水、火、風），並與我國傳統的二十八宿、五行說、神煞系統並存而形成《七政四餘術》。此外，一些術數中的北斗星名，不用我國傳統的星名：天樞、天璇、天璣、天權、玉衡、開陽、搖光，而是使用來自印度梵文所譯的：貪狼、巨門、祿存、文曲，廉貞、武曲、破軍等，此明顯是受到唐代從印度傳入的曆法及占星術所影響。如星命術中的《紫微斗數》及堪輿術中的《撼龍經》等文獻中，其星皆用印度譯名。及至清初《時憲曆》，置閏之法則改用西法「定氣」。清代以後的術數，又作過不少的調整。

此外，我國相術中的面相術、手相術，唐宋之際受印度相術影響頗大，至民國初年，又通過翻譯歐西、日本的相術書籍而大量吸收歐西相術的內容，形成了現代我國坊間流行的新式相術。

陰陽學——術數在古代、官方管理及外國的影響

術數在古代社會中一直扮演着一個非常重要的角色，影響層面不單只是某一階層、某一職業、某一年齡的人，而是上自帝王，下至普通百姓，從出生到死亡，不論是生活上的小事如洗髮、出行等，大事如建房、入伙、出兵等，從個人、家族以至國家，從天文、氣象、地理到人事、軍事，從民俗、學術到宗教，都離不開術數的應用。我國最晚在唐代開始，已把以上術數之學，稱作陰陽（學），行術數者稱陰陽人。（敦煌文書、斯四三二七唐《師師漫語話》：「以下說陰陽人謾語話」，此說法後來傳入日本，今日本人稱行術數者為「陰陽師」）。一直到了清末，欽天監中負責陰陽術數的官員中，以及民間術數之士，仍名陰陽生。

古代政府的中欽天監（司天監），除了負責天文、曆法、輿地之外，亦精通其他如星占、選擇、堪輿等術數，除在皇室人員及朝庭中應用外，也定期頒行日書、修定術數，使民間對於天文、日曆用事吉凶及使用其他術數時，有所依從。

我國古代政府對官方及民間陰陽學及陰陽官員，從其內容、人員的選拔、培訓、認證、考核、律法監管等，都有制度。至明清兩代，其制度更為完善、嚴格。

宋代官學之中，課程中已有陰陽學及其考試的內容。（宋徽宗崇寧三年〔一一零四年〕崇寧算學令：「諸學生習……並曆算、三式、天文書。」「諸試……三式即射覆及預占三日陰陽風雨。天文即預

定一月或一季分野災祥，並以依經備草合問為通。」

金代司天臺，從民間「草澤人」（即民間習術數人士）考試選拔：「其試之制，以《宣明曆》試推步，及《婚書》、《地理新書》試合婚、安葬，並《易》筮法，六壬課、三命、五星之術。」（《金史》卷五十一．志第三十二．選舉一）

元代為進一步加強官方陰陽學對民間的影響、管理、控制及培育，除沿襲宋代、金代在司天監掌管陰陽學及中央的官學陰陽學課程之外，更在地方上增設陰陽學課程（《元史．選舉志一》：「世祖至元二十八年夏六月始置諸路陰陽學。」）地方上也設陰陽學教授員，培育及管轄地方陰陽人。（《元史．選舉志一》：「（元仁宗）延祐初，令陰陽人依儒醫例，於路、府、州設教授員，凡陰陽人皆管轄之，而上屬於太史焉。」）自此，民間的陰陽術士（陰陽人），被納入官方的管轄之下。

至明清兩代，陰陽學制度更為完善。中央欽天監掌管陰陽學，明代地方縣設陰陽學正術，各州設陰陽學典術，各縣設陰陽學訓術。陰陽人從地方陰陽學肆業或被選拔出來後，再送到欽天監考試。（《大明會典》卷二二三：「凡天下府州縣舉到陰陽人堪任正術等官者，俱從吏部送（欽天監），考中，送回選用；不中者發回原籍為民，原保官吏治罪。」）清代大致沿用明制，凡陰陽術數之流，悉歸中央欽天監及地方陰陽官員管理、培訓、認證。至今尚有「紹興府陰陽印」、「東光縣陰陽學記」等明代銅印，及某某縣某某某之清代陰陽執照等傳世。

清代欽天監漏刻科對官員要求甚為嚴格。《大清會典》「國子監」規定：「凡算學之教，設肄業生。滿洲十有二人，蒙古、漢軍各六人，於各旗官學內考取。漢十有二人，於舉人、貢監生童內考取。附學生二十四人，由欽天監選送。教以天文演算法諸書，五年學業有成，舉人引見以欽天監博士用，貢監生童以天文生補用。」學生在官學肄業、貢監生肄業或考得舉人後，經過了五年對天文、算法、陰陽學的學習，其中精通陰陽術數者，會送往漏刻科。而在欽天監供職的官員，《大清會典則例》「欽天監」規定：「本監官生三年考核一次，術業精通者，保題升用。不及者，停其升轉，再加學習。如能黽勉供職，即予開復。仍不及者，降職一等，再令學習三年，能習熟者，准予開復，仍不能者，黜退。」除定期考核以定其升用降職外，《大清律例》中對陰陽術士不準確的推斷（妄言禍福）是要治罪的。《大清律例・一七八・術七・妄言禍福》：「凡陰陽術士，不許於大小文武官員之家妄言禍福，違者杖一百。其依經推算星命卜課，不在禁限。」大小文武官員延請的陰陽術士，自然是以欽天監漏刻科官員或地方陰陽官員為主。

官方陰陽學制度也影響鄰國如朝鮮、日本、越南等地，一直到了民國時期，鄰國仍然沿用着我國的多種術數。而我國的漢族術數，在古代甚至影響遍及西夏、突厥、吐蕃、阿拉伯、印度、東南亞諸國。

術數研究

術數在我國古代社會雖然影響深遠，「是傳統中國理念中的一門科學，從傳統的陰陽、五行、九宮、八卦、河圖、洛書等觀念作大自然的研究。……傳統中國的天文學、數學、煉丹術等，要到上世紀中葉始受世界學者肯定。可是，術數還未受到應得的注意。術數在傳統中國科技史、思想史，文化史、社會史，甚至軍事史都有一定的影響。……更進一步了解術數，我們將更能了解中國歷史的全貌。」（何丙郁《術數、天文與醫學中國科技史的新視野》，香港城市大學中國文化中心。）

可是術數至今一直不受正統學界所重視，加上術家藏秘自珍，又揚言天機不可洩漏，「（術數）乃吾國科學與哲學融貫而成一種學說，數千年來傳衍嬗變，或隱或現，全賴一二有心人為之繼續維繫，賴以不絕，其中確有學術上研究之價值，非徒癡人說夢，荒誕不經之謂也。其所以至今不能在科學中成立一種地位者，實有數因。蓋古代士大夫階級目醫卜星相為九流之學，多恥道之；而發明諸大師又故為惝恍迷離之辭，以待後人探索；間有一二賢者有所發明，亦秘莫如深，既恐洩天地之秘，復恐譏為旁門左道，始終不肯公開研究，成立一有系統說明之書籍，貽之後世。故居今日而欲研究此種學術，實一極困難之事。」（民國徐樂吾《子平真詮評註》，方重審序）

現存的術數古籍，除極少數是唐、宋、元的版本外，絕大多數是明、清兩代的版本。其內容也主要是明、清兩代流行的術數，唐宋或以前的術數及其書籍，大部分均已失傳，只能從史料記載、出土文獻、敦煌遺書中稍窺一鱗半爪。

術數版本

坊間術數古籍版本，大多是晚清書坊之翻刻本及民國書賈之重排本，其中豕亥魚魯，或任意增刪，往往文意全非，以至不能卒讀。現今不論是術數愛好者，還是民俗、史學、社會、文化、版本等學術研究者，要想得一常見術數書籍的善本、原版，已經非常困難，更遑論如稿本、鈔本、孤本等珍稀版本。在文獻不足及缺乏善本的情況下，要想對術數的源流、理法、及其影響，作全面深入的研究，幾不可能。

有見及此，本叢刊編校小組經多年努力及多方協助，在海內外搜羅了二十世紀六十年代以前漢文為主的術數類善本、珍本、鈔本、孤本、稿本、批校本等數百種，精選出其中最佳版本，分別輯入兩個系列：

一、心一堂術數古籍珍本叢刊

二、心一堂術數古籍整理叢刊

前者以最新數碼（數位）技術清理、修復珍本原本的版面，更正明顯的錯訛，部分善本更以原色彩色精印，務求更勝原本。并以每百多種珍本、一百二十冊為一輯，分輯出版，以饗讀者。

後者延請、稿約有關專家、學者，以善本、珍本等作底本，參以其他版本，古籍進行審定、校勘、注釋，務求打造一最善版本，方便現代人閱讀、理解、研究等之用。

限於編校小組的水平，版本選擇及考證、文字修正、提要內容等方面，恐有疏漏及舛誤之處，懇請方家不吝指正。

心一堂術數古籍 珍本 整理 叢刊編校小組

二零零九年七月序

二零一四年九月第三次修訂

安溪地話

敘

余前刻風水正原集辨地理真僞積德求地擇
安葬頗詳晰矣世上積德求地者亦有其人而擇
師者多不得其師其在愚民無論矣吾見舉人進
士從師學地自行造葬數年之後家敗人亡非不
擇師之咎不知地理有真僞之咎也楊曾地理祇
有形家並無法家自唐元宗命一行造僞書以滅

海外。因有法家以訛傳訛。不能辨其真僞好奇者改頭換尾冒姓假名。名色過多天下求口食者希圖便易皆學法家不學形家讀書人不訪名師隨声附和誤入法家得一臠之味便以為美善而不知有正味造墓者不知地理即認不得師故所擇皆法家天下人受法家之害者十有八九自古及今辨其真僞者無幾人。余考證四十年觀書百餘部深知法家之非。故勸造墓者要擇形家之師然不知地理何由知其形家而擇之故又勸人學形家方知泓家之非此事也可爲有德者道難爲無德者言余年過古稀因再作地話一卷續於風水正原集之後以爲積德求地者之助云

四川敘州府文生安溪余天藻敘

同治五年丙寅孟冬月穀旦

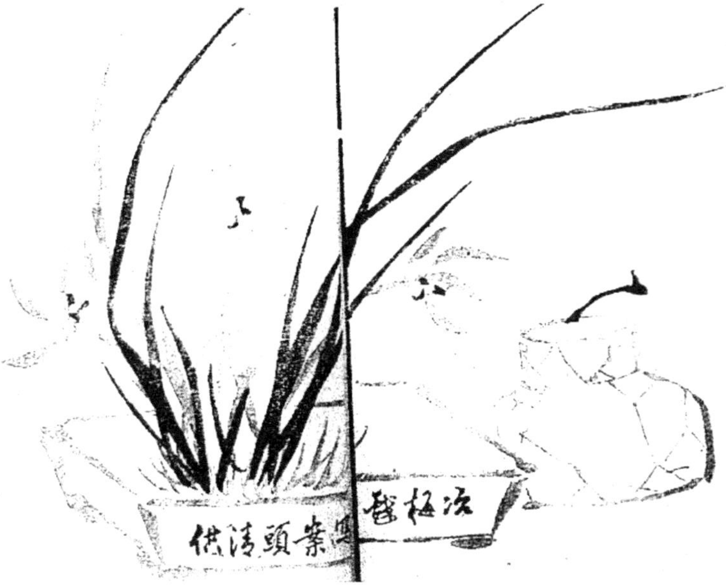
案頭清供

弁言

況新周云為人子不知地理聽俗師指畫置其親於水泉螻蟻之鄉與委之溝壑狐狸食之者同罪何言之痛切若此誠以俗師習卦例論方位不講究山形水勢錯誤已極使富貴之家忽焉而貧賤團聚之家忽焉而散離貧賤之家不得翻身者皆俗師危其親而菑其後也此道非入其門者不知非受其害者不知俗師入旁門受害而仍不知余

三

初受俗師之害學地數十年益知新周之言非誣禮云附身附棺必誠必信勿之有悔不知地理從何而信信之俗師焉有不悔為人子者精學形勢勿為法家所惑則慎終之禮庶乎自盡而無悔矣

安溪地話

四川敘州府文生安溪余天藻著
富順縣小臣余贊襄校

蜀鑑云。明朝嘉靖三十八年。我大清
太祖。順治皇帝生。於楚州右衛。即餓漢惠之野萬歷時江
西南昌張儲。客遊遼左。歸語所親曰。
王氣在遼左矣。兒童卒伍。多將相王侯。其墓地三

四

十年後皆當大貴東方其多事乎卒應其言可知帝王雖是天生未嘗不借地靈庶民家不敢妄希富貴然祖父骸骨不可不安先人宗緒不可不延若塟于風吹水刼蟻侵泥冷之地何以安骸骨而延宗緒乎故自古聖賢不以風水為非而以擇地安塟為是

本朝通鑑云。雍正八年。福建總督高其倬。閩福陵
形勢：順治墓福陵言其龍與永陵共祖同源。分枝抽幹。
自長嶺之西。行於渾河之北。萬峯拱照。羣水瀠洄。
惟是左畔水去。夏日隘口流溢。以致弓抱之勢微
有外張。必須順導河流。方稱盡善。優詔從之。九月
特諭內閣曰。高其倬所奏太平峪吉地事宜。甚屬
妥協。大凡讀書居家之人。通曉堪輿者甚少。高其
倬封疆大臣。原不以此見長。乃其以國家之事莫

此。為。大。協。贊怡親王。子康熙肩此重任。籌度萬全。此
實出於忠愛至誠之悃也。着賞給一等哈哈番。即
此觀之。高其倬精於形勢。雍正從重褒嘉。我朝塋
得形勢。所以二百餘年。
聖人迭生。達邁前古。則地理關係誠非小矣。有志
於安親昌後者。宜鑒[illegible]

人欲光大門閭。定要前人塋得吉地。如無好墳。必不發。余觀方中宋萬李王發巨富顯貴。皆前人塋有好墳。自古及今。姓姓如是。從未有無好墳而發大富貴者。可見望後人昌大。定要塋有好地。為後人種福根。如無福根。不必侈心妄想。今之想福者。亦知福來有自耶。

人欲圖富貴。定要塋有吉地。然吉地非俗師所能點。方中發富貴之墳。訪聞皆是名師所點。抑或前

人精地理自扞然則家有閒空人何不學地理精形勢以為子孫計德厚者得上地享榮華德薄者得中地受溫飽較之打牌下碁與浪遊相去遠矣

余有句云

人好打牌與下碁　不知學地訪名師
能精形勢得風水　富貴榮華方可期

昔年曾揚波先生愛風水精形勢朝日遊山尋地鄰人曰不做活路到處遊走不知後來吃甚麼會

聞之曰他門怕我莫吃我到有吃怕他門莫吃至令後人出秀士收一二千租者多人可不知地理歟今之地師少有結果者不精形勢故也乾隆時王尚孝友克全多行善事習地理求得名師鄉籙在家數年得好地數穴李姓亦得數穴二姓出進士五六人舉人百餘人廩貢拔貢百餘人秀才三百餘人監生一千有零做官數十家巨富百餘家至今百餘年富貴不替者皆王尚之功也

雖盛衰不齊然舊墳分重累有好墳接續仍然發福故此衰而彼又盛矣然則有力之家可不積德以為求地之本學地以為得地之源與

居家人陰地好生成材子富貴方綿遠貧賤得翻身陰地不好生敗家子富貴不長久貧賤難翻身此居家宜講究地理也然欲講究地理必先講究天理作事有天理埋身方有地理作事莫天理埋身即莫地理雖朝日謀求必為法家所誤愈信地

愈。受害。故勸人。學形家。然不。積德。亦不。能信形家。必信法家冥冥中自有主之者豈可使無德之家得塟真穴耶。

認得形勢謂之名師。認不得形勢謂之盲師。今之法家皆盲師也。然名師說他認不得地。他更說名師認不得地。且主人不知地理。從何分別。往往以名師爲假而棄之。以盲師爲真而用之。塟不得地。實由於此。今我勸人。學形勢有句云。

業点評出

自古名師道不行。盲師假術反爭鳴。

若非自己知形勢。想得佳城萬不能。

又有誤用盲師塟大敗之地。名師與他指明。仍堅信盲師之言。甘心受害而不悔者。此是德薄之家冥冥有主不可強也。

嘗云盲師遍天下。名師一二人。自己不知地。從何辨假真。名師棄。不用盲師却相親。若非修積厚。斷不得佳城。

讀書要擇師。地理更要擇師。讀書錯從師所讀，猶是孔孟書。地理錯從師所學，並非楊曾地理。楊曾相傳，祇有形家，並無法家。今之與人造葬者，皆是法家，少有形家。匪但鄉民，即學士大夫，誤入法門。其始也欲利己利人，其既也即害人害己。知走錯路，曉得回頭，猶可救。令人牢不可破，家散人亡，猶不知害。更有人與他說明，終執迷不悟，欲救之而無可救者。令人難解。

法家相地。以羅經為憑。全認不得。山。形。水勢。所指之穴。非沙飛水走。即水盡山窮。其發禍最速者。莫如門煞。經云門煞立見喪亡。鄰邑兄弟舉人。品學兼優。同學三元法家。做官時家中改修陽宅。六年死十人。同治二年請余至家。余相陰宅無凶。陽宅截後脈大乳三丈餘。宅坐乳上。余曰截乳必定傷來脈。門煞衝刑。災遍迫發凶。即此宜速遷去。不信余言。次年又死三人。余惜之云。

弟兄品學兼優人。祇為陽居門煞深。
我勸遷移伊不信。七年竟死十三人。
先生今歲又歸陰。門煞之言真不真。
有意救君君莫救。夜台應信術如神。

孝廉學地為法家所誤至於如此世之業地者可不學形家歟。

四川五方雜處湖廣籍人多廣東福建人次之江西人少有落業者信地理惟廣東福建近見信地人多發富貴五省人亦多有信地者然求地在修德余見世上有全無好事想求好地者有些微做點好事即想得好地者甚至有瞞心昧已枉取人錢亦想求大地者豈知卜仙云吉地為神之所司神豈肯以吉地與無善之人耶故求地者往往遇盲師而得假地當局者昧旁觀者清余學地四十

求君之論

年從未見有無善行而得真地者語云無德人求地龍神蒙眼睛山山都走遍不見穴情真又云善事心真切名師也有人近方都結地何必遠勞神求地者知之否耶

積德爲求地之本世人須三復此言

況善衣食頗足爲人和平但無善功可紀喜風水向余求地余告以欲求吉地宜多行善事他吝財不爲余亦未去用俗師買地數穴皆有水泥余見

有一穴不應生水教將此穴封貯又告以聖帝籤極靈求之籤云莫怪盲師受害深也因自己少功行孝親敬長仁民事自揣身中有幾分從此醒悟行善事數年開看封貯之穴熱氣騰騰無過之人吉地且不為之用若有過且多之人其能得吉地耶

鄭道南少貧性尅財後發萬金死後其子請余相墓有水改塟別處後信亂象謂余塟有水開看無

擇凶為吉
[illegible]善不可

水仍信乩象言改葬别處數年財丁大損開看水
滿壙中救不出來尅財之罪大矣求
聖帝籤云尅財人有孽隨身死後應埋泥水坑爾
欲轉凶為吉穴除非大善濟蒼生其子吝財不作
善事十餘年間家業將盡矣生前造愆死後受罪
其誰知之

汪大盛家巨富請余相地余曰求地要多行善事
不然枉費足力他一善不為又來迫余吉相數日

無穴用俗師買地數穴俱生水余告以
關帝籤虔求之籤云求地安親是孝心舜之大孝
在宜民急行善事多培補方遇名師得妖盤始信
余言不謬從此行善事矜孤恤寡敬老憐貧費銀
數千余為扦二穴頗佳修成封閉二年熱氣薰蒸
他喜極深感余恩可見人不行善事雖傷心想吉
地豈可得耶

求地安葬本屬情理。但宜善求。無礙古今。擇窖。地錙從厚西下相安。果真好地。該你得自然作合。恰與你無緣。強作強為。黑夜偷葬。此地必假。有禍無福。損人折財。余見多矣。好地不生非。生非地不好。誠哉是言也。有句云。

吉地千年不生非。　一毫勉強不宜為。

明人莫受盲師害。　免得才丁兩吃虧。

世亂。不獨人亂，亂即鬼亦亂。近時邪氣四起。假附乩象。教人賣地方。退穩利。大花銀錢。搬上砦。賊乎插佔賊未至。錢花完。搬不下砦者多矣。有教人晝夜唸經。賊來莫走。他蔽賊眼。賊至殺死捉去者多矣。有畫避兵符。教人帶在身旁。能避刀兵。賊至男殺死。女姦淫捉去者多矣。有舉人言呂祖對他說。賊不到那方。教他莫走。陰教至親契友數百人到那方避賊。賊至。舉人殺死。其子捉去。男女數百人皆

殺死即姦淫捉去號声震天以外有富戶紳糧備
信此等邪說賊来不走捉去治死者甚衆又有道
人傳授剪紙為馬撒荳成兵操習武藝事一發而
全家被誅尚有信其說學打習水醫病學玄錬氣
抽坟墓地畫符驅邪持齋打素以致身家俱敗者
尤多初信受害苦於不知受害不改不知何故豈
亦有定數耶有句云自古時衰鬼弄人愚民淺見
少知開身家未受無窮害誰信尼山不語神子不

語神即此等邪神也。何為執迷不悟耶
無錢之家隨便安葬。不必論矣。無德之家不宜好
地隨便安葬不必論矣。若中等人家無功無過衣
食饒足銀錢不多不缺此等人甚多應求吉地安
親利後再加修積必享榮華今人往往吝惜銀錢
隨便安葬亦有不惜銀錢又在修齋設奠上講究
門面大花銀錢不認真求地又有嫁女娶婦燕客
做生捨得銀錢獨於安葬父母不捨銀錢推委弟

未不安矣

懷宜

兄亦有認真求地。又被盲師昏迷仍與隨便安葬一樣却不想父母磨苦一生祇受用一圍地土俗師置之水泉螻蟻之中父母受罪人子之心安乎送死大事此處不捨財何處捨財此時不盡心何時盡心況筋骨一壞子孫傾頹吝嗇人何愚昧至此。余嘗云隨便安扦是漸覩風吹水刼蟻來侵筋骸一壞丁難保縱有家財瞬息傾財宜惜不宜在此處惜世人知之否耶

敬師

江陽有一家厚道為人家不甚富其所敬重者有三第人待之頗厚第一地師第二館師第三醫師醫來家治病按日給錢一千一病醫至一二月久謝禮都如是館錙甚厚外讀學錙一人或三四十千五六十千禮儀尤豐至於地師敬之若神擇得一師用之四五十年得地甚多他與地師積有萬金家益富子弟入學廩拔將二十人出仕幾人至今正發可造子弟猶多再加修積必發科甲顯官

貧賤家要塋有好墳方可望富貴富貴家前塋有好坟矣又要新塋墳好富貴方長如高祖墳好富貴應在曾元必高祖以下墳皆好富貴方長若高祖墳好曾祖父墳皆不好發福人墳又不好富貴能久乎好比父親一人好興家必衆兒孫好方能保家若父親一人好衆兒孫皆不好家業能久乎今人有一墳好衆坟多不好老坟發過後坟發凶所以發福人死一敗如灰反說財被他帶去豈真

帶去哉。一吉坟不能敵衆凶坟也。余嘗云。
一墳發福數墳窮。一吉何能敵衆凶。
再得佳城來接續。高官顯爵永興隆。
可見富貴家要求好地接續福澤方長。然欲求好
地。必多行好事。不然終難得吉。
墳不好無論矣。好墳蔭出富貴命人。興家業發科
甲光大門閭。莫說是你的能幹。這是祖宗做多少
好事。才蓋好坟。生你好命。得此就要多行好事。為

祖宗增光。為兒孫造福。錦上添花。才不枉作祖生。奸人一塲。若不行好事。一味貪財。以智欺愚。有財弄盡。有勢使盡。越有越貪。壞事不小。何者。貪人敗類。浪子叢生。縱發大財。定不長久。身死之後。一敗如灰。生前造罪。死葬水坑。不惟家業傾頹。亦且筋骨難保。好墳之福。自我而發。遂自我而止。還要受罪幽冥。真真不值。人當發富貴時。做事不宜太盡。留點餘步可也。語云

五行八字是墳生。命運濃時事遂心
靈利機心莫使盡　要留一二與兒孫
吉地發福固也。然則人葬有吉地遂坐以待富貴
乎非也。必人有善心地以吉氣應之而後發富貴
若人有惡心地以凶氣應之仍受貧賤善惡各從
其類也。葬得好地猶如得好田土人功到有好收
成人功懶無好收穫地同乎天人行善事栽者培
之人行惡事傾者覆之其理一也余不妄扦與人

許代必有富貴若不行善事則不能収地之福矣。為可惜余有句云
世人何幸得佳城。好積善功収地靈。
錯過機緣真可惜　祖宗痛哭最傷情。
江邑朱姓祖塋吉地初年五房人皆貧賤四輩上第三房人有孝心即發進士餘仍貧賤永邑曾姓祖塋吉地初年四房人皆貧窮四輩上長房人孝弟忠信克全即發翰林餘皆貧苦又如合邑廖翰

林曹進士。隆邑范翰林李進士。陽邑蕭翰林蕭進士。皆前人有大善事而後發。余問過數十家斷未有無善行而發富貴者。可見富貴之發人望着坟坟尤望着人也。有句云

十箇兒孫共一坟。一家富貴九家貧。
時人不識其中意。天地無親福善人。

人不行好事即葬吉地亦必變凶。或水冲沙壓或地裂山崩。或遇盲師抽改。余見多矣。

選擇要導

欽定之書方不錯誤。俗師執偽造通書。璇璣小本。楊公忌日。為人選擇。害人多矣。亦有擇得名師學問深心術正。選得上期。儘可用矣。又信道不篤。請人查證。查亦未嘗不是。仍要請名師方說實話。若隨便請俗師。他志在貪利。若說前師看的期是。他無事矣。顛倒是非。想人請他擇期。他好弄錢。主人不知其誑。好期改為歹期者多。甚至越撥越疑。一

期撥至四五期有角孽生非者此等人罪不容誅豈知地理先要擇師擇得名師用而不疑疑而不用方為得計語云

地理原來要擇師　名師擇得勿生疑

諺言一聽心胸亂　避吉趨凶悔後遲

戊己煞最凶最速又最久載三元選擇書造葬同忌俗師少有知者擇期多犯附祖塟附宅塟犯者尤多余見大市鋪修廟犯死首事二人王姓附祖

塟犯。死十人。楊姓附宅塟犯。死十五人。曾姓附宅塟犯死五人。李姓附祖塟死十四人。俗師執定僞造水法通書與人造塟。小家用之無論矣。大家亦隨便用之。不擇形勢名師。致受害如此。深可惜也。昔年余有窓友。父子讀書文章可入。六旬後父病凶危。其子在神前一日三次許宣講刷善書送勸世文。病愈後。父不捨錢。一善不做。未三年子殁。父亦殁。止留半歲幼孫。幾乎絕後。俗言賄神神望賄

十

騙神為祖父罪

燒香獻酒肉或不望賄善事亦肯禀善神豈不望乎寡其降禍也世人請余相地亦知積德為求地之本多許善願葬地後騙善不羔有余在神前擔担者亦不替余歇肯一味縮財尚望地有靈乎恐降禍亦猶是也余嘗云求地之時有善心下棺以後渺無音世人做事多如此尚望嵩生嶽降神自想與其騙神不如隨地安葬蟻侵水淹猶愈於為父祖增罪也求地者自思之

造葬不可傷古墓遠避爲佳（不得已此鄉而葬猶可若遷移主大凶）

讚云 大凡造屋與安埋 若遇前墳莫起開
我見世人移別處 千災萬禍一齊來

得吉地最難無德不能得地固也有德遇着盲師亦不能得地必有孝弟忠信之德又遇識得山形水勢之師方能得地然名師千百中一二人尤難遇合余族居蜀五百年無大貴皆因五百年無吉地得地若斯之難也今得數穴畀前人苦心孫謀

積累而成我後人不接續行善以辜負吉地豈能瞑目地下耶有句云祖宗處義又行仁五百餘年始得墳不續善緣辜負地陰靈都是不甘心後人見此當發惻隱

世人愛佔期頭怕吃虧有期頭的事才做莫期頭的事不做豪強者吃人害人尖巧者謀人算人有期頭矣柔弱者受人害貧賤者被人欺大吃虧矣佔期頭者該不得吃虧何以一轉眼間豪強者死

此為生以

字里中雌

亡矣尖巧者落薄矣柔弱者強盛矣貧賤者富貴矣佔期頭者才吃虧吃虧者才佔期頭是何道理良以讓為美德天道循環有屈必有伸也余為父地吃虧多矣後人能學吃虧必有期頭可佔有向云人佔期頭我吃虧吃虧竟得好墳培看來欲把期頭佔還要為人吃得虧

吃虧人不佔期頭不佔期頭是上流世上吃虧人不少皆因前輩佔期頭

善無大小定要真心心真雖小亦大心假雖大亦小族公輩余贊襄從余受業數年進學余刻善書皆伊誠心繕寫其父析提拔姪輩至於成立者數人余於宅近扦二穴與之一金貓捕鼠形一工字脈左仙弓形皆發富貴之地作事真心善雖小亦大其得吉地豈有倖獲者耶

墳前立碑宜矮小。高則損丁。牌坊宜立遠道。立遠
宅前主凶敗。桅杆稍遠立。近亦主凶。石人石馬坟
前不宜有。有則成煞。坟宅前有竹木遮蔽。生禍敗家
墳前不宜造屋。屋後不宜塹墳。有則阻塞胸堂。遮
蔽朝應。主凶敗。坟宅後脈上不宜伐石。損傷。損則
主敗。坟宅左右前後水口有石曜。交牙尖沙。逆水
沙。羅星亂石塞攔水口。不宜損壞。壞則主敗。水口
宜緊狹。挖寬則退財。陽宅局勢小。不宜開闊大作

太進門煞立見喪亡太出脫氣冷退絕丁陰宅亦然人勝於宅則吉宅勝於人則凶天井宜寬闊太狹小則陰勝定損壯丁屋樣宜前窄後寬不宜前寬後窄富貴家多犯這些毛病致家人利心太重靴塘配土於墳宅前後左右水口上損壞尤多不知損壞地脈即傷財丁吾見多矣約畧言之

余家有坟得水水口緊狹有禽星亂石塞水口前人不知愛惜坟山開闢太過水口亂石概行打毀

培以示旺也

雖買田千石。二輩上一敗如灰。以旁分。論適當此者。自己害自己。損傷之害如此。

来邑有一家人宅山前後左右挑塘十口。山之来脈。枝脚皆斷。地氣絶矣。好比人頸項兩膀兩肘皆斷。有不死乎。加之基小屋多。傷龍鬥煞。財雖發而丁絶矣。連抱二輩皆殀。數十年不生男丁。余按有財無人。財將何用。此是尅財之過。故遭此阨。有句云。勸做庄家。勤快人。開塘鬭土。要留情。技前宅後

天井之破
如是

太傷損縱得銀錢必絕丁興家人愼之
造屋要因地制宜局小大作定有損傷余見一家
取財太過大修房屋正宅四重樓房西重又有花
廳船廳魚池天井或方或長十餘個窄狹陰氣勝
屋修齊丁絕了連抱三輩皆歿三輩寡居書云天
井陰陰不見陽寡婦思夫不離床十有九準此雖
宅法使然亦是取財太過若有濟人心何至產[illegible]
若此魁財人鑒之

務封之見

大不愛道地不愛寶世間不少吉地祇是難得其人古人云為人擇地易為地擇人難失地之罪余不免矣有句云。

七十年來歲月賒。行行走走遍天涯。
山中不少公侯地祇是難尋有德家
青山綠水送龍行。馬鬣牛眠處處生
陰地必須陰德穫遍觀天下幾何人。

盲師扦穴。人人受。名師扦穴。人多不受。無德之人。不受上地。有主之者也。然名師為鬼神所忌。不合則去。為天地留其有餘。方是名師之福。余嘗云

世情宜假不宜真。踏破芒鞋枉費心。

也學卷懷蘧伯玉。留些福澤待其人。

地話下卷　以下集形勢書言地理

目錄

地話下卷

尋龍法

黄妙應云得穴尋龍十有九得步龍尋穴十有九空廖氏云人言有龍必有穴我說有穴必有龍上士得穴而尋龍神明於法之外也中士步龍以尋穴特循於法之中也沈新周云正法尋龍乃求穴得局尋穴法亦捷袁守定云循龍脊以求止則大物可窺步山脚以察踪而小康亦得

古人求地先尋龍後尋穴今人求地先尋穴後尋龍此捷法也然不成局必無穴故尋穴必先尋局局者真龍止宿之地如官之有城屋之有垣獸之有欄也龍無局不棲有局方可尋穴無局不必尋穴局無他祇是後山向前前山向後左山向右右山向左湊合一圈或方或圓或長即局也但長宜橫長不宜直長然局中之山定要開面有一山不開面或反飛或斜竄則局假必無地

[illegible]西星
柳地第一
虫注
東房勿
忽視
雪日堂

六圍地學山有背面面如人面背如人背面如手面背如手背面平背拱面薄背厚面細背粗面凹背凸面潤背枯凡到一處見山開面方可尋穴山不開面不必尋穴而有真假須認清楚

尋龍記要識尋龍至妙法最高峯頭踏上山嶺去看左邊數股長長短短都彎向右右邊數股長長短短都彎向左來山止去山回所謂成局也便到中股上去找尋必有穴情但山之結穴有在於嶺

尋龍

廿六

穴十法

交媾例結

分抱例結

於腰於足於手於臂於鬚於角於脊於口於回於拋於土處尋穴而穴無道情媾怨人尋不到耳

咲蔡錄凡入一鄉見山來俱順則無交媾之情必不結地龍行未止也見山與水逆則交媾龍止而結地矣山左來右抱山右來水左抱謂之交媾

水抱一邊結穴水反一邊不結

道法雙談凡地不逆則不結逆則山回水轉而返始成逆愈遠則力愈重龍逆為上星逆次之腦

[illegible]逆

星逆

砂逆又次之。龍逆者非来龍逆水而上。乃大勢回顧。大曲大轉是也。星逆者來勢雄勇不能遽回股落一峯横来逆水也。脉逆者龍星俱順脉與乘勢相逆。如直来横受横来直受是也。砂逆者如左来右轉右来左轉是也。若四者俱順則陰陽不交斷不能成地。

雪心賦。山直走水直流無足觀矣。山大轉水大灣于此求之。山不亂灣灣則氣全。水不亂轉轉則氣

佳時

止時

下關

此砂

聚蓋山轉明明要結地水折明明要結穴也

入式歌大凡尋龍與點穴細把前砂別龍若佳時

砂有情也開面不佳亂縱橫穴若正時砂交用砂歸依也

不正自飛去真龍藏倖穴難尋惟砂識倖心

尋龍點穴須仔細先要觀水勢龍若佳時水聚堂

不佳亂砂落穴若止時水便聚不止迢迢去

吳公口訣看地有何難先看下手山未看後龍來

不來且看下關回不回未看結穴穩不穩且看下

不積地

孔所謂清

開鬆緊不緊何知人家富下砂來抱顧何知人家貧下砂順水奔下砂收盡源流水兒孫買盡世間田下砂長出逆水決不虛生水口見此其內必有大地着意尋穴

尋龍見高大之峯則為少祖山即到此山嶺上四面看之山或分數枝看何枝為正龍何枝是經砂分別清楚從正龍踏去看水到何處灣轉水抱一邊其山圍聚必有穴情何為正龍有跡斷是正龍

面出。脉是正龍。詳後

六圓地學。上山下來下山上。定有形穴中間放來

山已正去山回。此不尋穴復何為。左右兩邊向內

灣。穴星必定在中間。四方之山俱開面中有穴情

不必辨

李德真云。尋上格之龍者。亦可執上格之砂以求

之上格之砂。斷不虛生。照處必結大地。到此山上。

對面觀之。其情自見。蓋穴情隱藏難見。向山高大

下砂 我对待也 北方 和氣

顯而易見也。謂之上格者。成尖㽞方正之形。而又開面者也。

疑龍經。正穴當前必有將。有將便宜為對向。穴在南時北上尋。穴在北時南上望。

入式歌。凡認星辰須對面。九星容易辨。若還草木亂紛紛。莫漫喝星辰。

疑龍經。尋穴如何辨主賓。水城抱處是主人。水城反處便為客。多少時師不知情。

今尋龍見羣山皆老相粗相忽見一方出嫩出秀局必在焉今尋龍見羣山濟濟密密不堪容足忽開平田曠野局必在焉今尋龍見羣山散亂東奔西走忽然團聚局必在焉

環密處是真局曠蕩處是假局有侍衛山出現是真局有劫山出現處是大假局

出老入細處是真局老相不脫是假局

中有主山是真局無主山是假局

斷到處即
有風射穴
但重此

内局砂空遠低凹說

地學求真空是全無山也遠是有山却離穴遠也低是有山却低過穴也凹是有山當穴處却跌斷到穴也左邊見空遠低凹則長房敗右邊有空遠低凹則三房敗只有兩旁則二房敗前後見空遠低凹則二房敗大凡臨穴即當想起空遠低凹四字百試百驗一毫不爽今之俗師輩地全不知此告人不淺

亦好

後代好

大貴地始成

好局只緊夾。不在寬大之明堂好砂只拱伏不在奇峰之重疊蓋緊夾則風藏氣聚初代便發地以成局為貴非大貴地必不成局。

尋穴必先尋局無局不言龍穴沙水也。

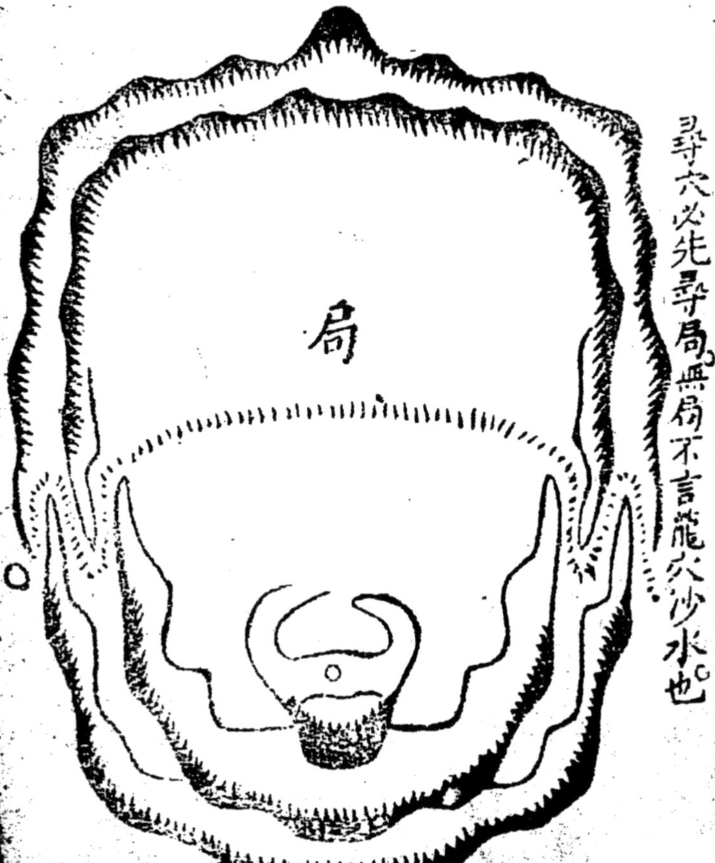

縱是妙中何用。

端圓為金。聳直為木。屈曲為水。尖銳為火。方為土

正五星

九星歌曰。九星圖者號太陽太陰頭帶方圓而曲者名金水木星包如矢方是天財凹腦分凹腦土

金身如〇頭圓、兩脚拖尖尾。便為天罡曜頭圓脚直秖

曜常燥火尖似鎗。掃蕩一身浮是曲。四者為凶星

穴山九星

太陽金

太陰金

金水

紫氣木

凹腦金土

金水

天罡金

孤曜金

燥火

掃蕩水

天輪影穴上井中有此。主大貴。

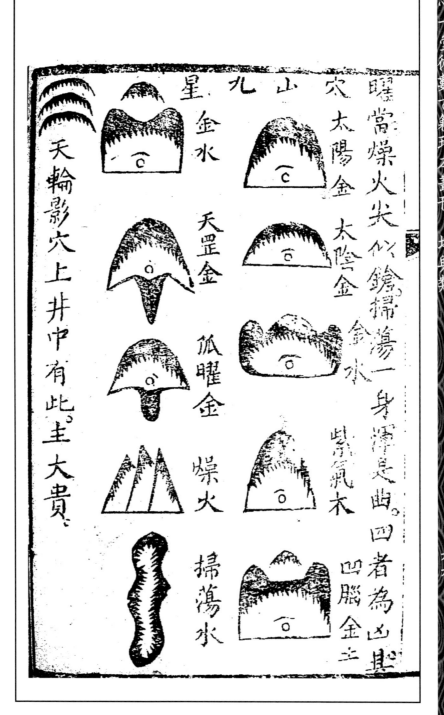

三台

品字

順三台

三台芦鞭龍山穴山向山有此皆主大貴德厚者方得此。

穴不外窩鉗乳突關口開手。

員為窩

長為鉗

長為乳

員為突

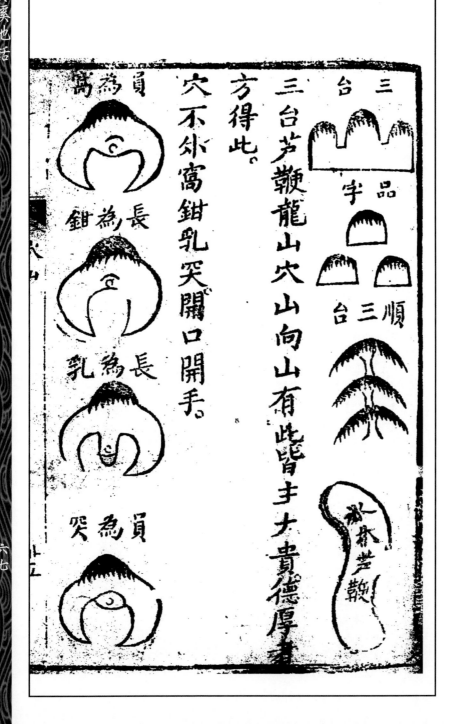

乘生气處第一要法

背面分明指諸掌

窩鉗乳突五星九星皆有。是正格。然正格少。變格多。不能盡圖。六圖地學一貫堪輿圖象頗多。自衆看之書云。望勢尋龍易。登山點穴難。到頭差一指。如隔萬重山。壟乘生氣認穴極難。此處宜多用妙心。穴要点在山面的邊。俗師不知山有背面。穴多点在背的邊。真是可笑。山面為生氣。山背為死氣也。面必寬平。背必陡峻。面必有脚。背必無枝脚。必山環水抱。背必沙順水斜。面必美秀。背必粗頑。

開口屬陰
乳泡即陽
開手

面必有情背必無意面真有生氣靈也面假有死
色枯容知此方可点穴

穴法

金木火為陽星宜葬陰穴開口即陰穴水土為陰
星宜葬陽穴得金泡即陽穴開口仍要有乳突
六圍地學葬家最緊戒硬面星不開口穴不現若
問穴場何處有不是開口便開手抱之緊者仍是
抱之稍寬方是手須知正體要開口開口不明

穴法　十六

懍懍戒戒

看開和若不開口與開和但其正勢中間去便從硬面乱開窩哀哉此穴必然絕[illegible]宜謹記

謝覺齋曰陰乳恰如男子橫陽窩偏似女人形似男陰乳休傷首似女陽窩莫破唇蓋男子主于施精其氣在外乳突似男子陰囊故宜作粘穴女子主于受精其氣在內窩鉗似女人生門故宜作蓋穴今之俗師葬乳突多傷首傷首則殺立見喪亡葬窩鉗多破唇破唇脫氣但冷退絕丁

窩鉗要兜收

突要唇

鉗下交

地學求真窩鉗要有員腦員腦飽滿方有生氣下窩鉗腦上之水走兩邊低界分去不入窩鉗若腦滯或破碎葬之生水窩鉗要有唇托兜上有唇托則窩底肥厚氣有兜收

乳突要有臍口臍口者略開面有化氣也無化氣即陰殺葬之凶乳突下有唇毡方真無則穴假

窩鉗小有脈氣入窩鉗即可葬窩鉗大有微茫乳突方可葬然乳突不定在中間或偏左偏右

乳迎風

乳突不可太飽、而有窩則可扦。窩鉗不可太深。深、而有乳則可穴。側乳閃乳。乳多幻形。分鉗合鉗。鉗多變格。凡是乳、穴曲即非曲。是包裹非正穴。乳突不可孤單用。要開窩鉗。怕受風也。乳突不蓋頂而蓋褥。葉金從水。窩鉗。不蓋心而蓋弦。葉水從金。乳頭之穴怕凹缺。風若入來人滅絶。必須低下避。風吹莫道低時[illegible][illegible]絶。

疑龍經鉗穴如釵掛壁隈。惟嫌頂上有水來釵頭不員多破碎水頑穴內必生災。
廖氏曰穴星由來有八病有病何勞定斬首折痕
頂下拖碎腦石嵯峨。斷肩有水穿脇出剖腹陷長
窩。折臂原來左右低破面浪痕垂隊定腳頭竄入
水吐舌尖撐此是星中大有虧誤用禍相隨。

斬首

碎腦

斷肩

剖腹

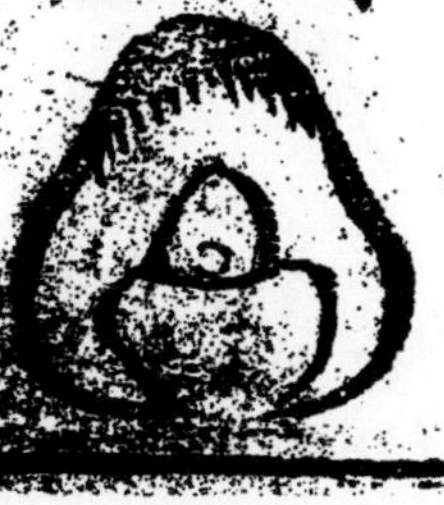

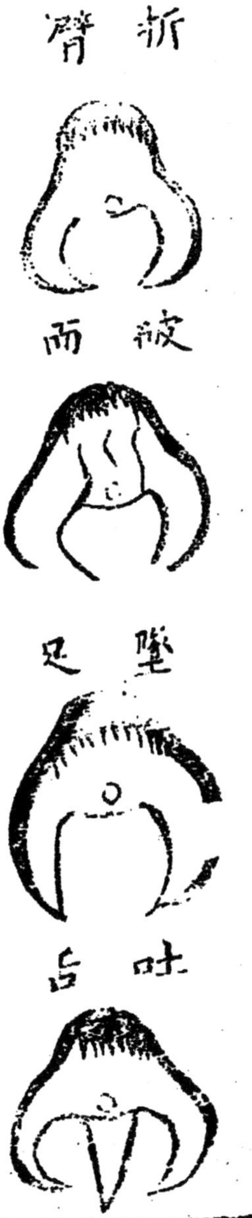

穴面又有四般病有病皆惡証貫頂脉從腦上抽星峯不現頭墜足脉從腳下去靈光何所聚滿面橫生脉數條生氣自潛消飽肚看如覆箕樣醜惡那堪相

来陽受是如覆掌是陰龍陰極陽生理在中到穴珞開窩

有口其形馬跡正相同

開窩沪[illegible]

来陰受龍如仰掌是陽來陽來肖是陰受胎凸起節包為

穴法 卅九

正穴覆杯相似不須猜

扦穴

啖蔗錄平地陽有餘而陰不足起土處為真高山陽不足而陰有餘落平處最貴萬物生于陽而死于陰雖陰穴必取平處地理棄其老而用其少而老胎必扦嫩中蓋大乳大突大窩大鉗老也不可葬乳突要開微口窩鉗要有微茫乳突少也可葬

啖蔗錄凡結穴處澆水不流置座可安以其平也

乎坦之貴 理似蓋勝 旧生門底韮 宜來生氣 陽生氣 喜之

倒杖訣所謂斷續斷氣受于坦起伏伏起氣止乎中于坦地理小卷所謂來不來坦中栽住不住平中取撥山記所謂來來來堆堆堆漫中取坦中栽皆取平處立穴也蓋平坦處為陽陽主生故穴宜點在平處邪坡處為陰陰主死故塟陰者生女不生男久則女亦不生而絶矣今俗師多在邪坡處立穴文或騎住坎半在坎上半在坎下失之遠矣書云作穴貪高十塟九禍

求穴捷法

咬蔗錄。點穴要依唇毡。唇于此吐。穴于此。折毡于此鋪。穴于此住。橫龍之穴。尤須認此不可忽也

雪心賦。但取朝山証穴。疑龍經。真龍藏倖穴難尋。惟有朝山識倖心。朝山高時高處點。朝山低時低處針。穴若真時方出現。穴若假時難見面。

孟浩云。朝山高穴在高處。朝山低。穴在低處。朝山向左。穴在左。朝山向右穴在右。靠山在左。穴在左

靠山在右穴在右左右砂高穴在高處左右砂低穴在低處右高左低穴在右左高右低穴在左夾耳砂在上穴在上夾耳砂在下穴在下堂水聚左穴在左堂水聚右穴在右左山有情穴在左右山有情穴在右四面俱有情穴在中

啖蔗錄凡穴既定有穴山証穴靠山証穴朝山証穴案山証穴唇毡証穴龍虎証穴明堂証穴堂局証穴以及三陽四靈天心十道水城水口無一非

證穴者有此諸般證穴穴方真的。

又云何以辨彼假穴必無真朝何以別為龍形必無正案前山拱秀再看後龍若纏山不抱仍假

取穴法

經云眾大取小眾小取大眾高取低眾低取高眾長取短眾短取長直來折曲曲來折直飢則取飽飽則取飢短中取突突中取窩緩取急處急取緩處老處求嫩嫩處求老山多處取水水多處取山

以上一切節星[illegible]穴[illegible]上[illegible]脈出一[illegible]接源三論

舒曠處要緊束緊夾處要舒曠來者不宜太遠去者須要回頭山本靜數求動處水本動妙在靜中疑龍經撼龍星裁穴始為真不論星辰是與誰五星穴法不同分別於左

金星穴法

金必葢水水者何窩是也窩在頂穴頂在腹穴腹在腳穴腳窩偏穴偏不拘立體眠體惟視窩所在取然必脈下不出脈方真若垂手吐乳乳直是木

取穴　金星　四三

金尅木不可穴。是乳頭。宛宛。嫩。活者。亦。木。也。金生水乳母珍其子子依其母亦吉穴也金心葬窩高無窩葬當深者為窩淺者為當訣云。金星開口暈金

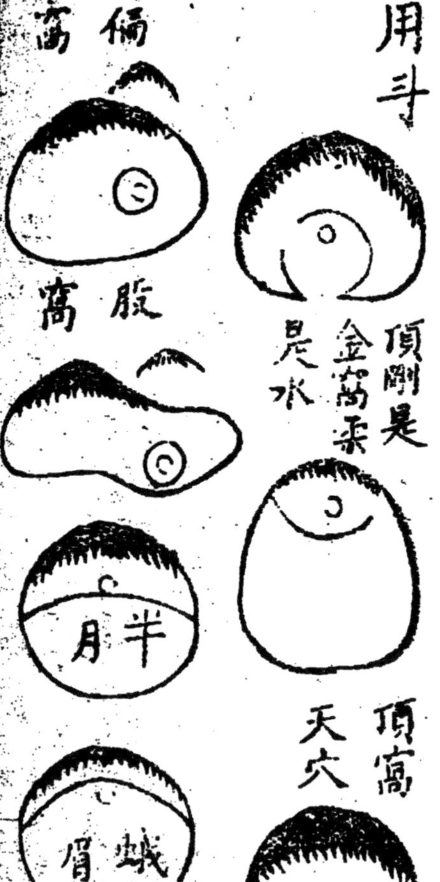

穴必光魄之間
月不離水穴必得水此穴最貴但要龍真。

木星穴法

木星專專取生意何為生意水即是水能生木木涵水生根生芽生枝翳木壟水眼即當穴水也芽者木生嫩乳如萌芽然萌芽動處中涵水意亦水穴也立木壟眼眠木壟芽此定法也無眼芽則取軟處軟處即是轉水故可穴〇一說木星壟根壟節壟芽眼固是正法節為金為子魁母芽為火為母依子故皆可壟

吳公口訣。倒地木星長百丈。不論橫直皆可塟。直尋粘倚莫當頭。橫要中間苞節既。木不塟頭固也。若長閃帶水意者可下垂頭穴謂之紫氣垂頭眠不不可當腰下穴。下之犯斬脉煞。

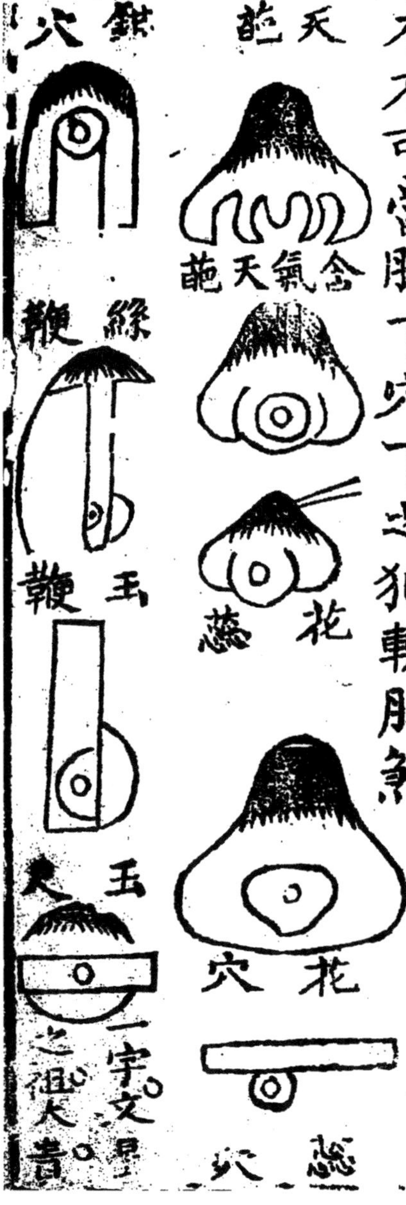

所有泡亦生動俱死不也

水星穴法

水星突泡。即金頂也。無突泡。則取圓口者。開口員處。即是轉金。故可穴。水必挨金。柔用剛也。不拘正偏斜側。金在穴在。後必乘金。前必開口。不然不真。水腳垂乳。乳即木也。水生木。子母相依。水在穴在。無論正偏。穴之吉。水乳不嫌直。若乳曲。又是水。不可穴。挨

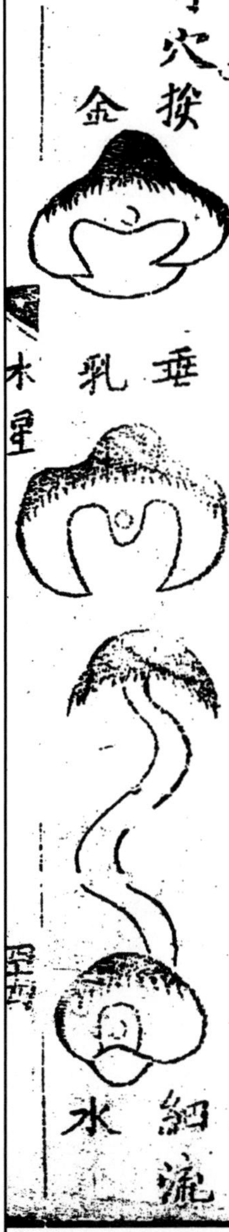

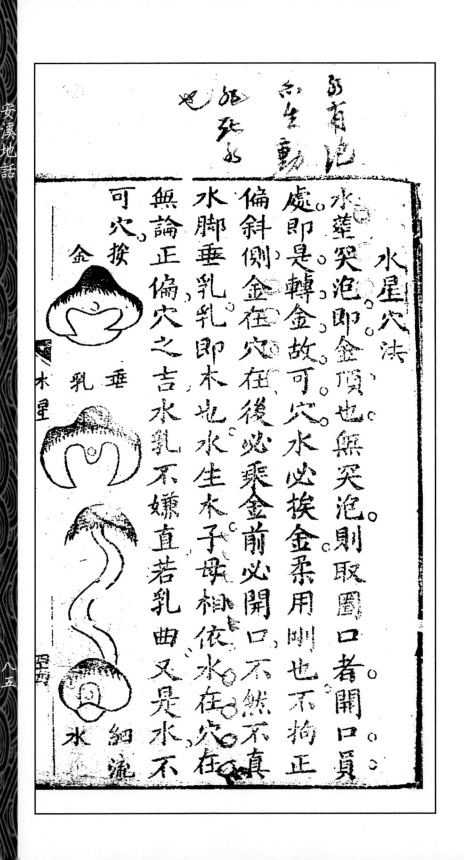

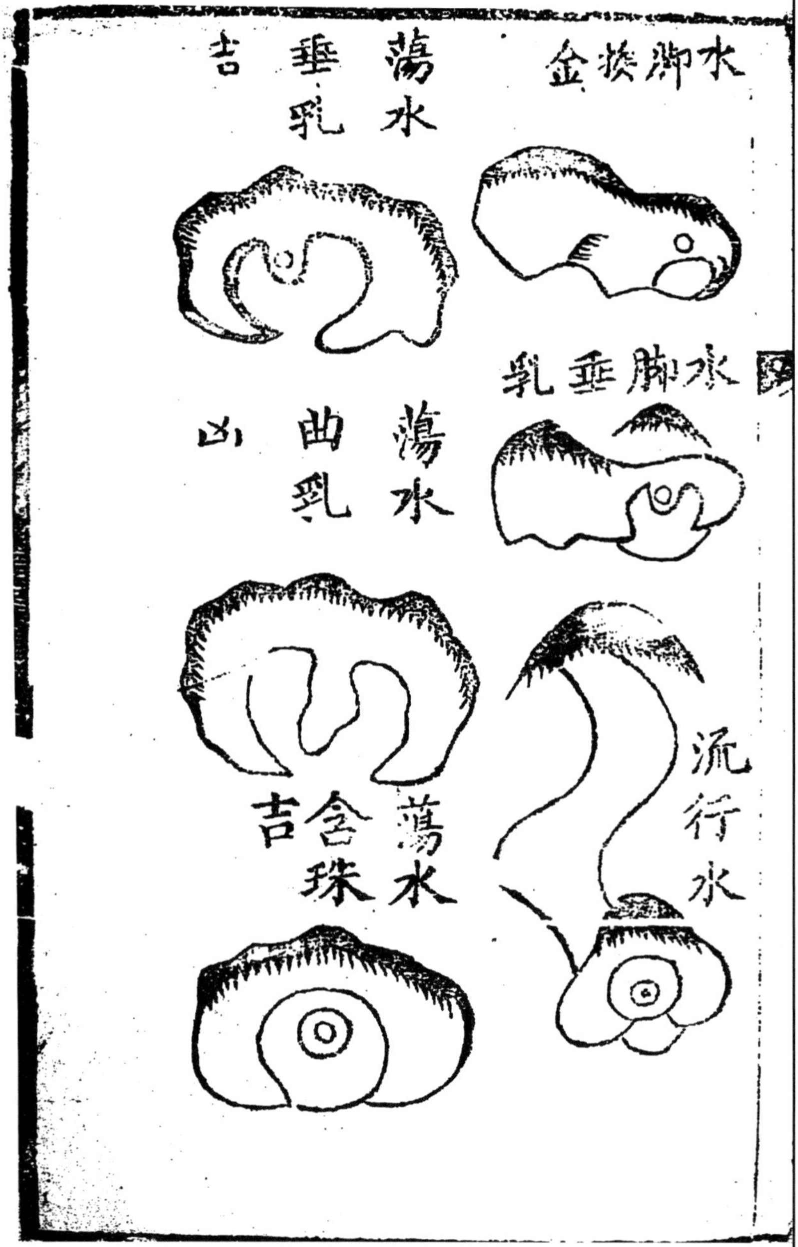
水脚捺金
蕩水垂乳吉
水脚垂乳
蕩水曲乳凶
流行水
蕩水含珠吉

火星穴法

火不結穴其性至燥。惟剝換多而成眠體。穿田至水邊。乃有結作。斷法所謂五七火星連節起。列土侯王地。脫落平洋近大江。結穴始相當是也。然廖氏九星穴法中立體火星轉水者亦結。蓋既大開水竅。則水火既濟。于火下覔平土立穴。穴依其子亦是吉塟。

五星惟火不結穴。山中亦有飛鳳格。大發速發先黃天。無德處之終滅絕。發福後。要抑威用德忠君愛民庶幾久道也。不然。一發如雷一敗如灰。

正体飛鳳

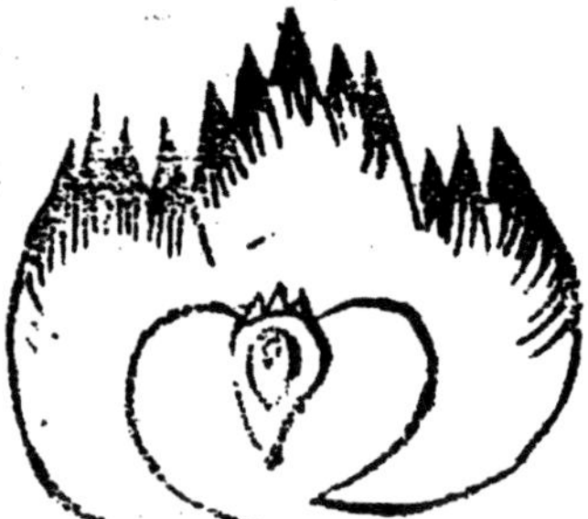

側体飛鳳

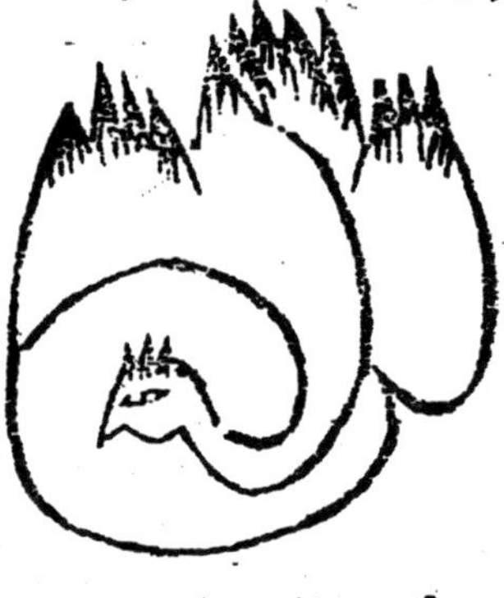

眠体飛鳳

坐穴見土。不見火。又要土重火輕乃可用。

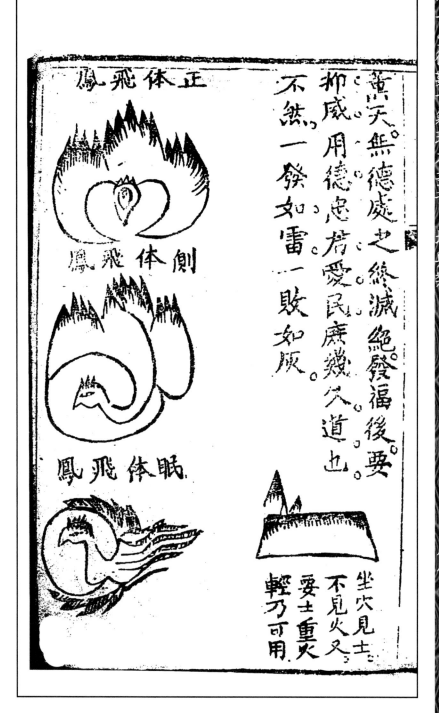

土星穴法

土必葬金命者突也上厚氣粗必生金以洩其氣乃可穴在腹者謂土腹流金微有金甍者謂土腹藏金在角者謂土角流金微有金甍者謂土角藏金突在窩中固佳突在平處亦穴所也土一不穴窩窩是水上尅下今母刑子若果龍真窩氣好大作金堆當窩底肩窩角窩與邊窩生金作金法同擬作金又覺無憑據便規上弦取旺氣不然吐下合

提盆水出盆口。是生氣。按土垂于山木乳為子魁母破胎而出。亦是吉穴。經云息星魁母子榮昌母魁魁兮子滅亡大地多知此。

正土

無口無突即無穴

變土

木乳

下就上。子破脈而出。太地發如此若林乳送。

土腹藏金

土得于穴之大發

土角流金

角有肩肩角得金節穴。平中有突亦佳。

穴

怪穴

啖蔗錄。山結常穴者十之二三。結怪穴者十之八九。固造化之隱真機。人塟怪穴者十之二三。塟常穴者十之八九。亦今古之少高術。所以常穴之留者少。怪穴之留者多。

凡穴不在山之正面。而在山之偏坡。此全彼缺。左有右無。或微有窟窔。糢糊不明。天地瞞人。總在穴際。謂之怪穴。閃結。拋結。疊指。探拳。脫龍就局。皆怪穴也。然必龍真脈真。故曰有怪穴，無怪龍，無怪脈。又要有廻簷界水分合，明堂朝拱樂托，夾耳水城、水口沙水有情，無風無殺，件件合法，只結穴處不明顯，方可下。古仙所下多是怪穴，百發百中，故屢

伯韶曰：談山談水世俗多，用拙不能將奈何。誤塋每因尋正面，不扦渾是棄偏坡。豈識真玄奇妙處，仙人專是下偏坡。

孟天其云：吉穴天慳地秘，不欲盡顯露之，故畧示

偏回待人遷就畧示虧欠待人培補畧示餘剩待人截栽畧示間断待人接續畧示殺害待人趨避畧示走閃待人跟尋或外看傾欹內看平正外看直逼內看寬舒遠看無形近看有跡畧看糢糊細看明顯亦猶人外貌不足內相有餘其精神骨格自然異常也。

怪穴

道法雙談辨疑穴者不辨其穴只辨其脉地之有無結作其精神不在成穴處而在出脉處故可怪異

隱拙之形不可信而脉為可信論脉不止入首一節凡出身降勢抽動處皆是如生蛇渡水梭中抽絲此皆自然行度名受脉真水無此則不融結更合下龍若無水不能生方盡其妙

怪穴要工夫到十分方可下有德之家方可下天特為吉人留耳若與無德之家下怪穴不惟不信反為所笑不可與之下也余點怪穴數十受著無幾人彼自棄之又誰強之冥冥中有主之者也

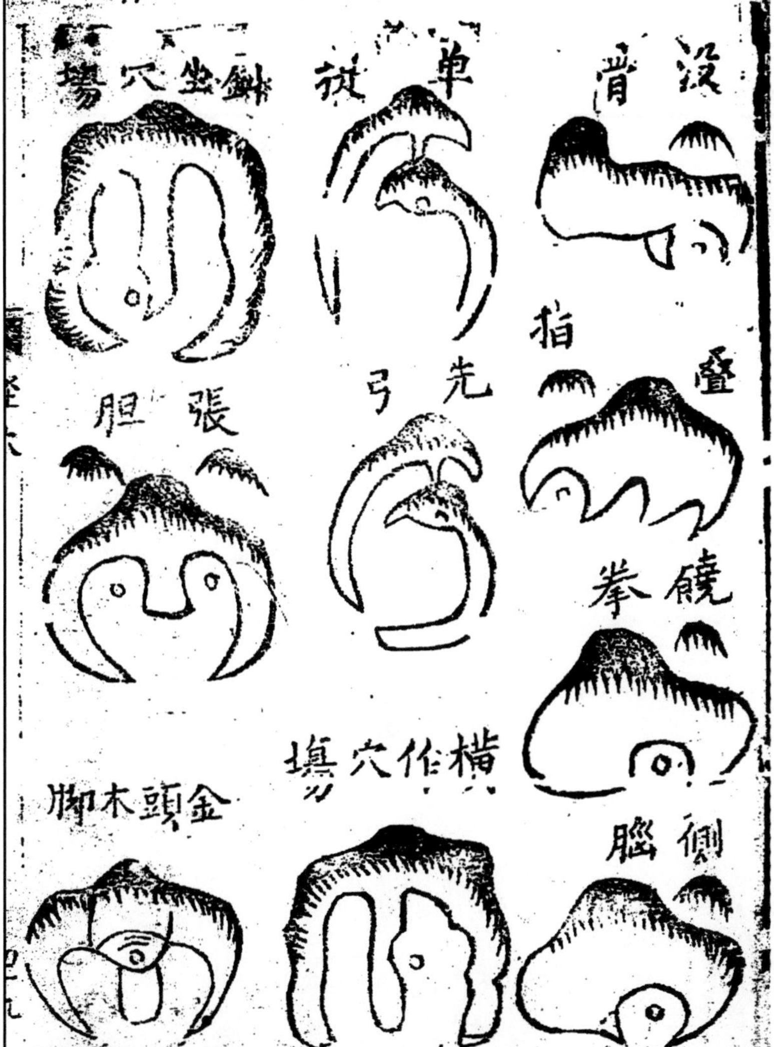

不須鬼祟。但要微口穴之大發。以上數圖。皆有左右一取水息無大曰

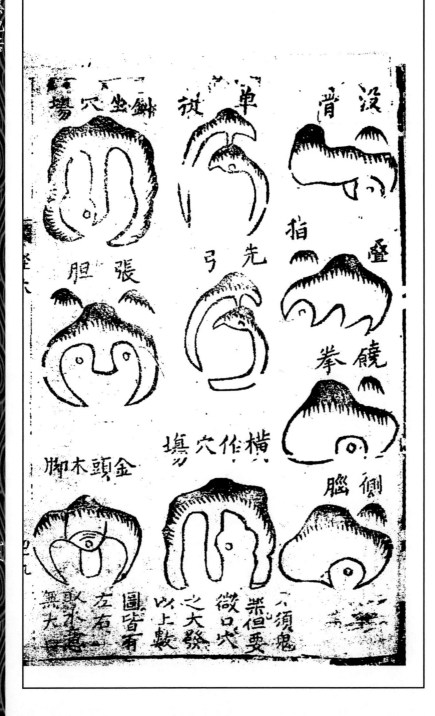

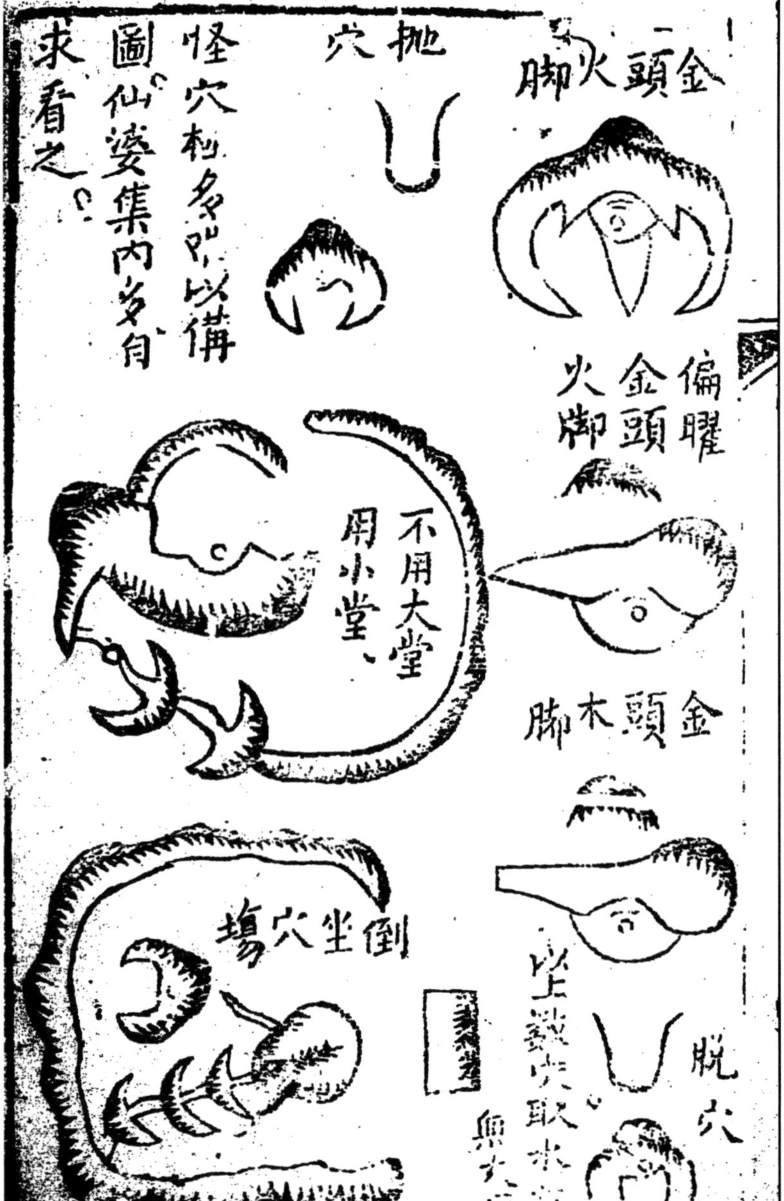
金頭火脚
拋穴
怪穴極多，以備圖。仙婆集內多有，求看之。
偏曜金頭火脚
不用大堂用小堂、
金頭木脚
倒坐穴塲
脫穴
坐上數穴取水堂

穴上脉

穴上之脉宜微顯，則生意太露。至寶經：脉来隱隱始為生，脉小微微是正形，隱隱微微方是福，粗粗蠢蠢死無情。脉落無蹤才是真，乳脊硬面莫相侵，時人不識無中有，多多在粗陰乳上尋。

地理看書、走山，二者不可偏廢。不走山，看書無益；不看書，上山無憑。穴八象多端，載之形勢書中。縱不能全置也要置得幾成部如雪心賦六圖地學啖蔗錄一貫堪輿山洋指迷五十段此六部書時價一串錢可買熟讀此形勢書免受法家之害吾見舉人進士好談法家虛理不求形家實跡者多受害

龍虎

穴者生氣之聚無雖踆衛則風飄龍虎所以蔽風亦以收水以灣環秀麗伲開面有情相讓逆水為吉以歛斜破碎相鬥反飛直硬順水為凶逆水者水左

来要龍沙在內。虎沙在外。水右来要虎沙在內。龍沙在外。水與沙逆即收水也。此水有財。無此亦無財。反是即出尋龍經龍虎轉摶摶。田地遍鄉間。秘要云。龍上尖峯起子息登高第。虎上起尖发芳養女似芙蓉。龍虎內外生爪牙在內謂之排衛牙在外謂之帶曜龍虎通身尖且利此是龍身鍾些秀氣穴前左右貼身生。此是王侯官貴地。虎有乖牙威婚粧。龍生焰角物充神。爪牙焰角雙出現。秀靈鍾孕不凡人。

或有龍無虎或有虎無龍無一邊要外山外水來配謂之單提穴或龍虎俱無謂之本體穴如貴人袖手端坐左右無不趨承得水更多力量更大

龍虎頸上有交义路或水路上自縊跪帶枷鎖有山脚尖射或水射主遭刑戮

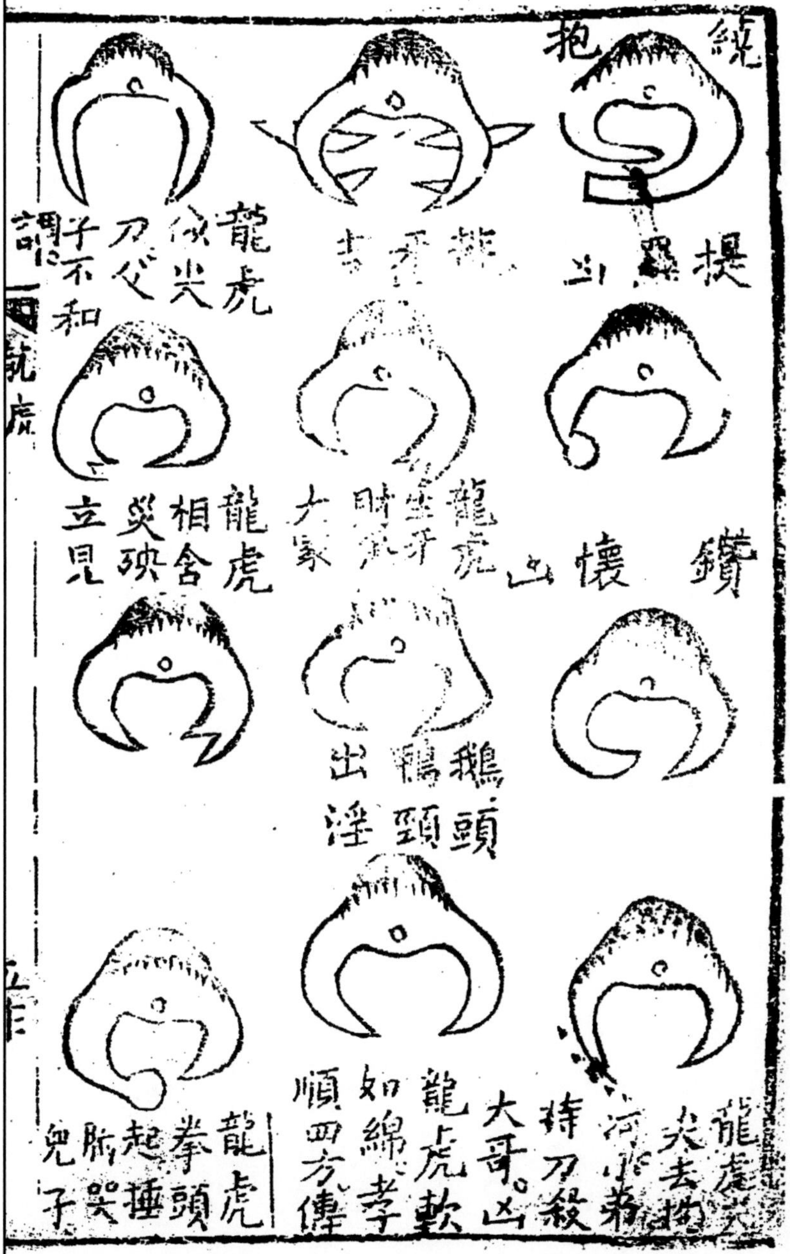
繞抱
提羅出
龍虎
似尖
刀戈
子不和
鑽懷出
龍虎
相舍
災殃
立見
鵝頭
鴨頸
出淫
龍虎尖
尖去抝
持刀殺
大哥凶
龍虎軟
如綿孝
順四方傳
龍虎
拳頭
起捶
哭
兒子

展翅

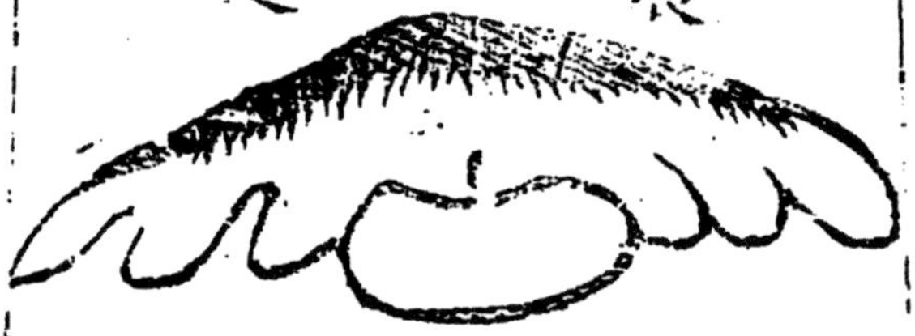

龍虎展翅飛揚。主出大豪大傑。敢作敢為

龍虎多重

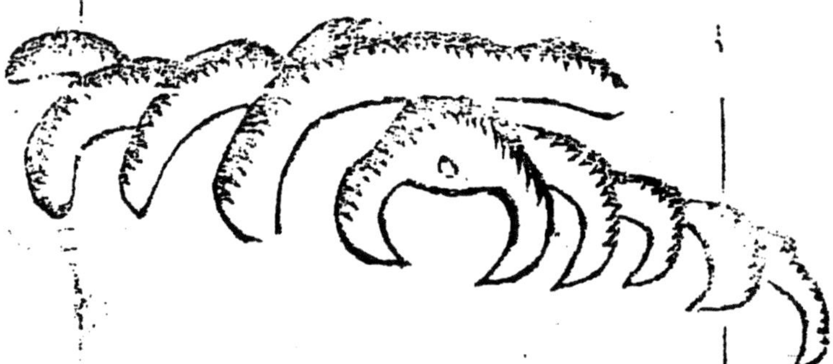

龍虎重數多。力量愈大但要偏行側走開面向穴。方當大貴。

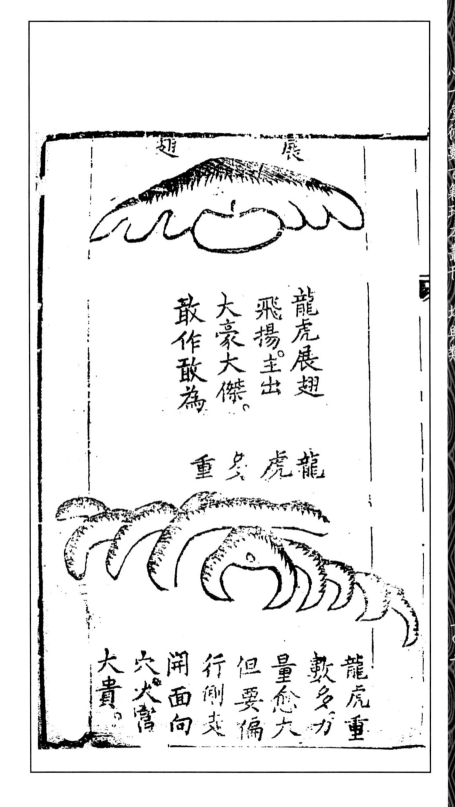

明堂

雪心賦登穴看明堂明堂有三有小明堂內明堂外明堂看者看小明堂與內明堂有無也穴前坦夷處為小明堂入式歌小明堂在員暈下立穴拼真假有此堂則穴真無此堂則穴假也內明堂在案山內無案山則在朝山內點穴以此為憑穴對之務要中正經云來脈明堂不可偏偏則非穴三堂難得全備兩堂定要有故登穴即看之也大地

方有三堂外明堂穴中有見有不見故登穴看明堂指小明堂與內明堂也

明堂宜平坦寬聚員淨周正左右交鎖周密或方或員或長不一但長宜横長不宜直長不宜太寬亦不宜太緊須寬緊合中

疑龍經真氣聚處看明堂明堂裏面要平陽撼龍經明堂要如衣領襟左紐右紐方為貴大抵明堂横為貴其次之玄關鎖密吳公口訣內外明堂分

兩般內宜圍緊外宜寬三堂俱備三陽足此地當知代有官。

明堂嫌破碎偏側傾瀉歪斜坑窟堆阜。書云明堂若破碎少亡田地退入式歌側是斜衝向一邊妻子不團圓董氏曰明堂第一嫌傾側傾側有沙隨水跑賣盡田地走外鄉更主兒孫少年死玉髓經若見明堂有深坑兒孫險陷病相纏。

明堂有尖沙直水射穴主遭刑戮尖沙橫過穴前。

逆水謂之進田筆主發福財順水謂之退田筆主
退田產穴是逆結橫結避結沙又平正壙抱遮龍
順沙仍言若順水而又斜飛謂之竄沙大損丁財
失井離鄉龍經水若斜飛起大災雪心賦登山見
一水之斜流退官失職又云滅族亡家必是沙飛
水走龍訣斜飛走竄蠱凶殃無論田冲水河水即
乾流水一歪斜即大凶
龍訣沙若直来如射箭家遭凶禍手足亡[illegible]長右

三中次房次第推来無不驗青龍若竄過東宮長房人產定皆空白虎竄今㓜小敗兩宮禍福一般同過宮頭轉無妨碍此房人產反豐隆

入式歌龍穴若凶明堂好二紀還溫飽龍穴若好明堂凶初下便貧窮此處最要緊發禍最速謹記謹記

囊金云明堂内有員峯在左則主抱兒在右則主妻淫與墮胎患眼入式歌明堂若吉要潔淨有物

皆為病。忌有凶山惡石。忌多竹木荆棘。忌有拔樹

總宜明淨為佳。今法家全不知此所下之穴弊病

犯齊。一下即凶。損人損財可嗟可嘆

凡高穴不可拘泥明堂。但要砂脚關攔穴上不見

水出。楊氏曰。若是穴高明堂遼。只要有城轉張紫

瓊云。高山不必問流水。時師休要泥明堂

看地要看大勢。大勢若聚。雖奇形怪穴而愈真正

大勢若散。雖[illegible]穴天然而反虛假

佈置要彎祕堂形要周正，堂水要停蓄。局勢要開面、面要有生氣。照穴要清專。朝案穴山要特異。方是真結、

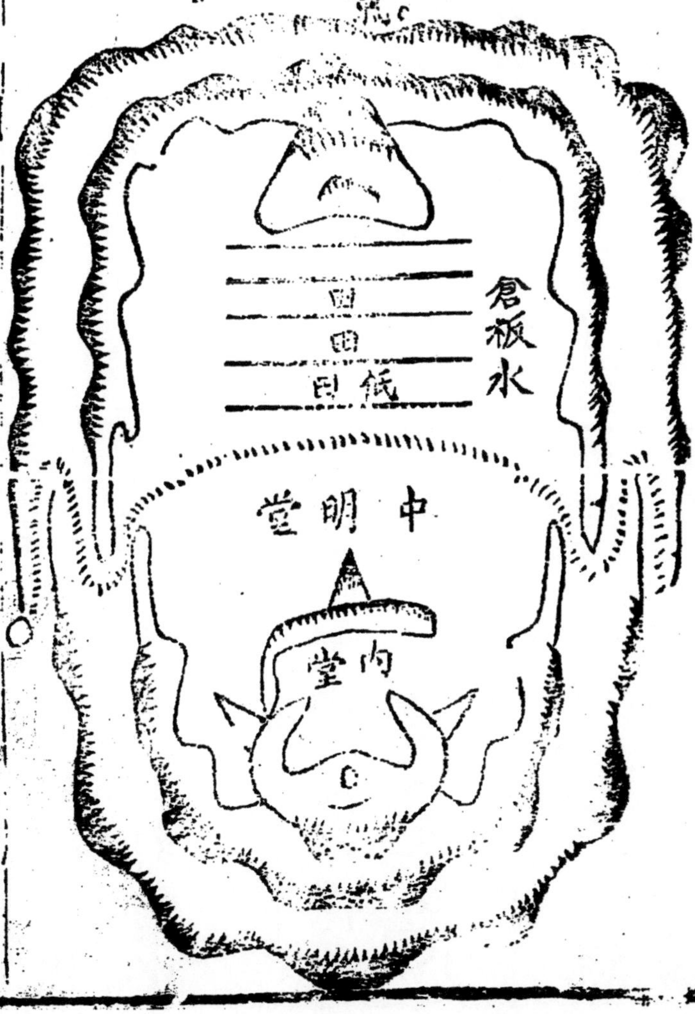

撥砂經藏風得氣則人蕃特水入懷則財旺喫蔗錄財多人少當求藏風之塲財少人多宜折得水之○地

曾氏秘訣凡穴結低藏兩砂收水緊固是穴得局內真水得水旺財必然發福甚速若結穴太高內堂不聚多貴少富○地學無唇非穴無毡少丁凡穴前毡唇寬者由餘氣盛亦主旺人丁若無餘氣係龍氣薄弱者少人丁若毡唇鑿傷主損人丁

案山朝山

案山所以收攔穴氣無案不惟氣不收聚而朝山之脚必露朝山所以証穴無朝恐穴不真故穴必取朝案為証疑龍經正穴當前必有將有將便宜為對向又云未用五音諸卦例但求好主對賢客貴人據案治事不憑虛而立穴前案山似之故穴前有案山主富貴且利於官疑龍經大凡有形必有龍大形大穴如何斷譬如至尊坐明堂列班排

不妨偏
又不可

不條亂龍子經伸手摸着案錢千萬貫雪心賦外徉千重不如眠弓一案

朝案山要高低遠近得宜龍訣朝山遠近要相當不宜主弱對賓強近宜低小尤為美遠則高大最為良雪心賦時人多是愛遠大而嫌近小誰知迎近是而貪遠非朝案俱有案山要與穴相對朝山不對無妨只有朝山又要與穴相對不可有偏總以開面有情端正貴秀彎環抱穴為吉若能成貴

重形象更吉。以破碎巉崖歪斜反背探頭側面竄

穴壓穴為凶

然亦不必拘泥或有朝無案或有案無朝或朝案

俱無而發富貴者疑龍經也有真形無朝山只要

諸水聚其間吳公口訣有山向山無山向水水有

真情巨富顯貴

探頭側面

非盜即奸

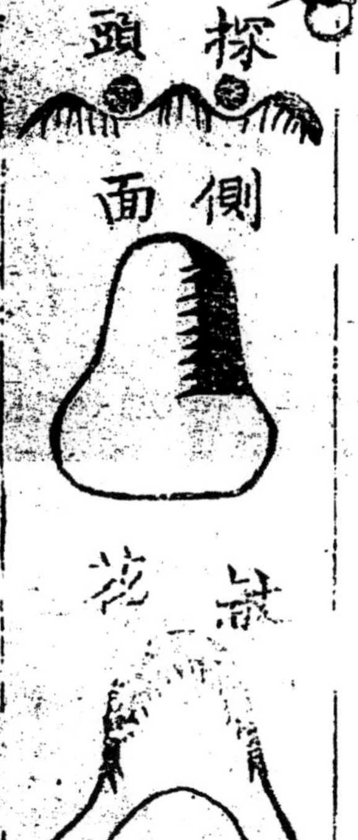

尋常墓宅未嘗有侍衛也有侍衛必大貴

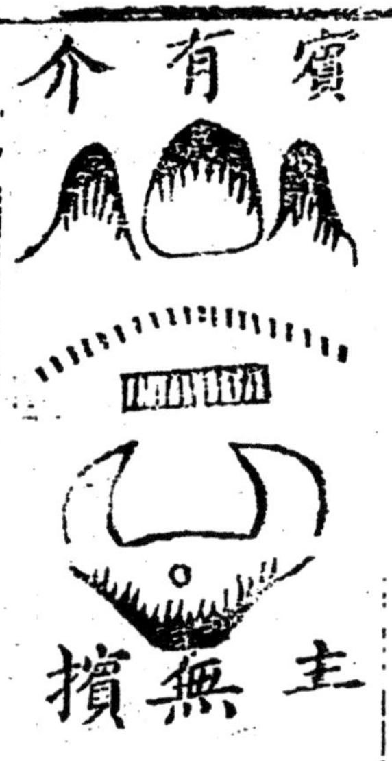

地必真龍大結堂堂正正之局始有侍從分明然侍從與朝案外陽一切貴人文峰皆要龍真方驗。

以下朝案外陽[illegible]設。

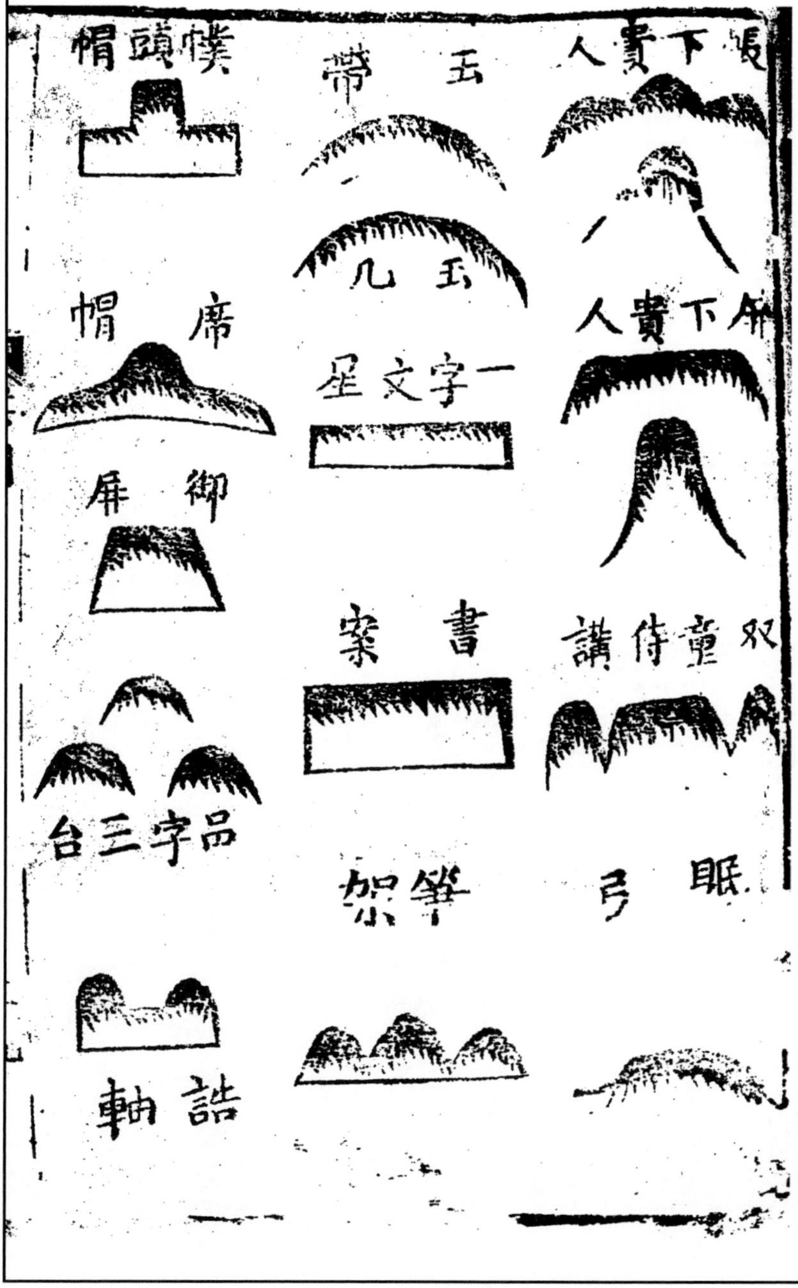
長下貴人
解下貴人
双童侍講
眠弓
玉帶
玉几
一字文星
書案
筆架
幞頭帽
席帽
御屏
品字三台
誥軸

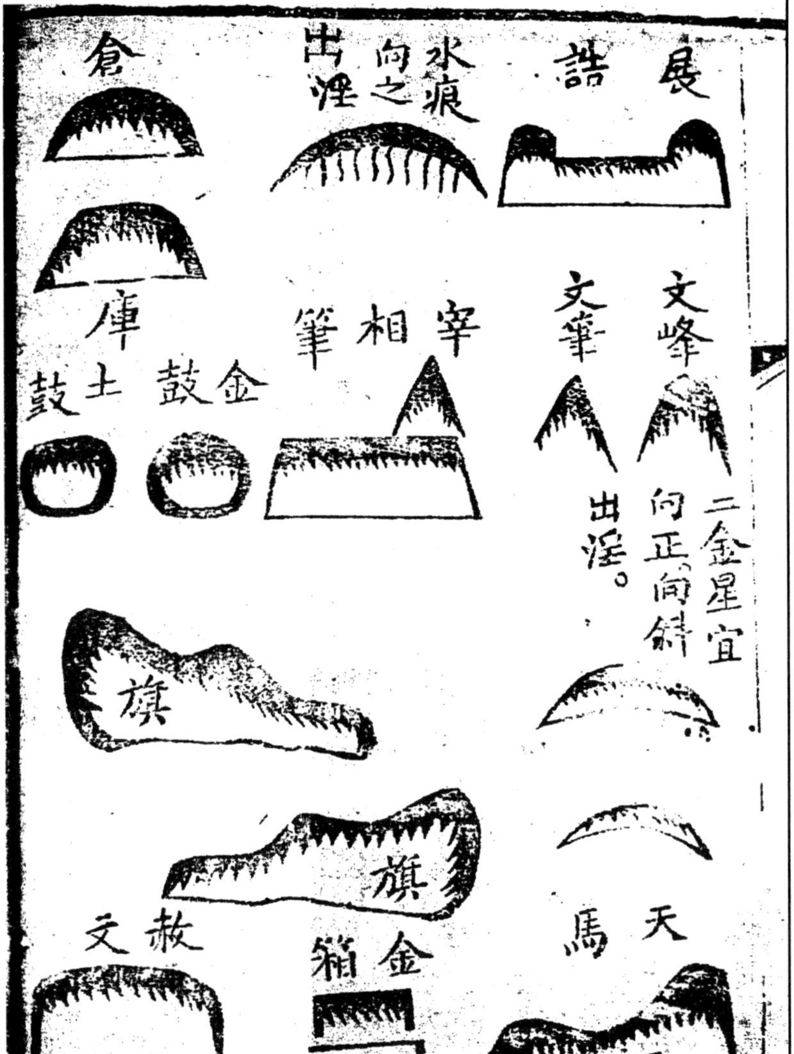

展誥
水痕向之出淫
倉
庫
文峯
文筆
宰相筆
金鼓
土鼓
二金星宜向正向斜出淫。
旗
旗
天馬
金箱
文赦
王印
天馬行空定座英雄
水口星此乇一方清

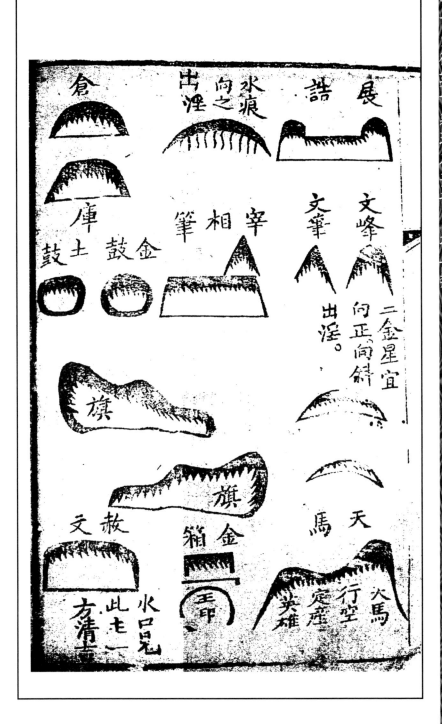

水口

李德真云水口之砂惟關鎖二字足以盡之然其中亦有真假存焉其真者必山回水曲其假者必水走沙飛若真龍結穴水口之山必重疊回轉山兩向進山脚揷進並不順水而飛故水遇一山即有一折三回九轉而始出此真水口也如此方有真龍藏于其中水出處有尖沙爲鎖沙腰有山爲關闌主富鎖主貴多重更佳其假者水口雖緊圍

而山頭走出山脚不回。既無真龍落頭又無餘氣
鋪衍。盡是老龍枝脚帶煞插水順去兩邊山脚亦
復如是故山緊而水逼狹着不作關鎖雖有高山
大隴其中必無真龍結作所謂假水口也
若是大地則山山退卸安得有高山緊狹而行水
水會聚。安得有小澗不通舟楫只要水口或山或
平地俱是逆水向進水路亦彎環而去或有沙洲
羅星攔塞或有石壁交牙。雖寬濶不緊已成水口

矣故水口亦有真假只於關鎖二字辨之。羅星決不虛生水口有羅星其中必有大地羅星上亦有結地者但要石體方不畏人開挖。疑龍經到此先看水口水口交牙內局寬便就寬容平處覓定然有穴在其間尋龍見水口交牙定知內有大地。

經云尋龍千萬看纏山一重纏是一重關城門若見千重鎖定有王侯居此間水口一山如虎卧回

石關鎖

官鬼禽解之甚現

頭不許衆山過交牙截斷水難流此物名為神仙座又云水口一重高一重世代兒孫不解窮又云何知人家富貴牢水口捍門高

官鬼禽曜

官鬼禽曜者吉龍之餘氣妙穴之貴徵凡穴只有龍虎案山而無餘氣飛揚則小穴而已必有此而後力量重在案後者謂之官在穴後者謂之鬼在水口間者謂之禽在龍虎肘外者謂之曜

鬼宜貼身而似死。長則刼本身之氣。官宜生而聳越。然太長則非官體。曜遠則見效遲。近則可以催官。速貴藏龍經。官居左右怕在後。官要回頭鬼要就。橫龍少以鬼尾靠山為主無鬼則背受風而穴不真。

楊氏曰。龍真穴真尸無曜。空有星峯重疊照。縱饒積玉與堆金。終主兒孫登科少。

四靈歌。禽星曜星與官鬼。都是好龍生秀氣。穴前

穴後。龍虎旁。有此便為公相地

楊氏曰。曜星若現石尖生。貼身橫過面前平伸手若遲。粘得着少年一舉狀元名

凡入鄉村見有奇石立于水口。即是禽星。其中必有大穴。

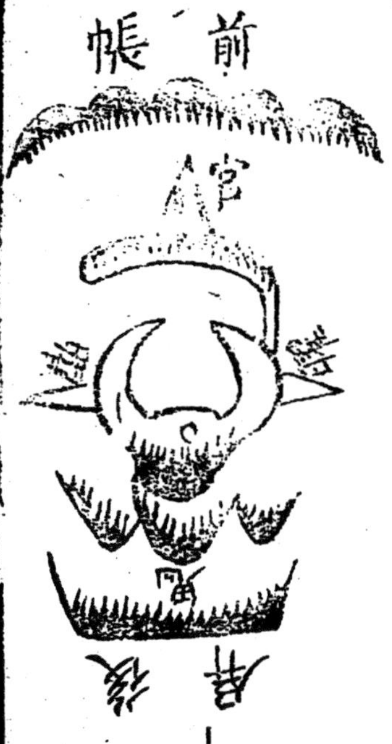

騎龍穴

後山枝脚節節灣抱向前前山枝脚層層灣抱向後成鴛鴦套形兩邊纏護周密不受風吹四山開面穴情明顯化脊氣為唇氣有夾耳鬼靠為憑勿以過龍認為騎龍穴也案外一節龍止水交為斬關二三節龍止水交為騎龍若去山太長則水難交會有順騎倒騎橫騎數局

六圓地學後山向前前轉後定結騎龍無處去轉

正身須看。大轉回。迎送中間莫下手。書云。十箇騎龍九个空。一个不空又怕風。十个騎龍九个假。正怨乱向脊梁下。十个騎龍一个真。催富催貴還催丁。騎龍穴。大旺人丁

順騎　倒騎

橫騎

騎龍乳穴

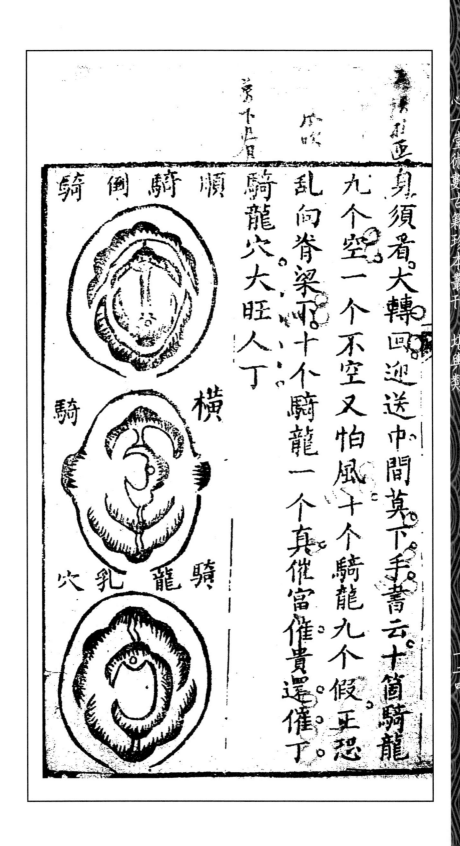

太祖山
宗山
少祖
山
星
兩翅

祖山

凡龍發脉處有高山大巒又有池水經年不涸謂之太祖自此辞樓下殿迤逦而行又起高峯謂之宗山復奔騰磊落逶迤而行其間小可星峯則不必論至將結作聳起秀拔超異衆山謂之少祖龍身有此力量重或是土屏力量尤重自此又行三四節即結但以元武頂後一節之山名曰父母父母山要合得一吉星張得兩翅方能結作若無此

胎

息 束氣也

孕 元武頂

育 結穴处

便不能穴矣父母之下。此處為胎。其下束氣處為息再起星面元武頂為孕融結處為育如子稟受父母之胎息孕而育也

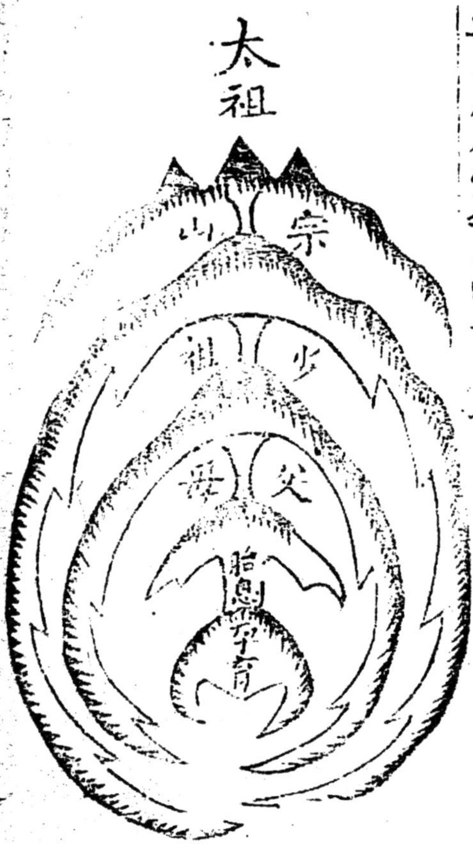

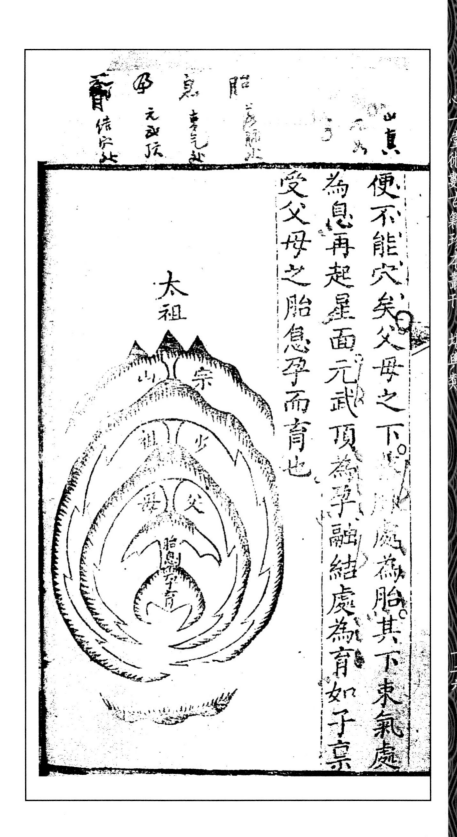

義陽生脉
阳脉死
阴脉死

出脉

龍訣。看太少出脉形，只喜陽生，不喜陰陰脉龍節行到此，子孫退敗見伶丁。

凡地要龍真脉真穴方真，龍假脉假穴即假。出脉處平坦為陽脉，拱起為陰脉。陽為生，陰為死，故脉宜陽不宜陰也。龍節與穴遠，陰脉猶可入首二三節，定要陽脉，不然主凶，入首定害。

一訣。龍若無水不能生。經云：此水不在大體上相出脈斷伏處若三擺三動或有水珠盧鞭蜂腰鶴膝走馬串珠拋梭織錦之玄人字爻凡細巧曲動皆是一點真水成胎前去必結真穴無此穴假更有王字圭字工字脈尤為貴徵

龍身　開帳過峽

龍訣貴龍重重穿出帳賤龍無帳空雄壯帳幕多時貴亦多一重只是富豪樣又云看龍者看龍過峽峽與穴情一般滿過峽有扛並有護氣被風吹

不跌斷剝換不真

才信

脉脊露

跌斷剝換

疑龍經退卸剝換成幾片。十條九條亂了亂中有一條却。是真。若是真兮斷了。斷摭龍經剝換知今換好裳。如蟬脫殼。退窟。或從大山落低小。或從高峯落平陽。粗蠢之面目變而為細嫩之皮膚樹以嫩而開花。山以嫩而結地也。

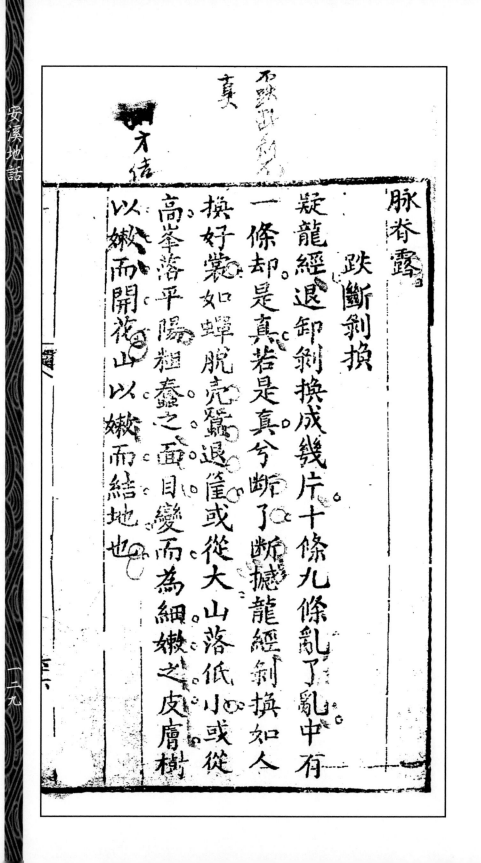

男
調龍五六桃
配男西列

行度

分牙露爪龍尚行藏牙縮爪龍已停開静展翅便結穴自與眾山多各別。

屈曲活動龍之生蠢粗硬直龍死絶喜棲喜閃是直龍直来直去是龍病陰陽相間是真結（金木火為陽 水土為陰）

純陰純陽定滅絶尖員方正龍入相蜂腰鶴膝龍

巳戌帶倉帶庫是富龍帶旗帶鼓是貴龍

怒龍多是結假穴假穴人見多歡悅龍虎左右湾

環抱前賓後主不相照穴中甚好畫不成外山外
水盡無情應樂不真官鬼假夾從無情不相惹左
右或高又或低背內面外誰得知時人愛此花假
穴葬後錢財湯潑雪崎嶇嶮峻怒也踴躍翔舞喜也
喜龍專一結怪穴怪穴人見嫌醜拙穴拙界合自
分明定有陰陽分窩凸龍虎左右或不全時人便
言房分偏外山外水齊來抱救得房分皆一般龍
真穴拙人不識葬後富貴無休息

凡是真龍正面來身雖屈曲頂不歪橈棹却是蜈蚣脚兩兩成雙相對着一心一意去結穴並不歪斜顧瞻別真龍定然有迎送夾從纏護無空缺纏護愈多愈有力衆山衆水來會聚渾如大將坐中軍羅列隊伍俱齊備

凡是纏龍側面走一邊無棹一邊有頂面當顧真龍身不敢拋離開處行以上皆出龍訣

六圍地學凡是主龍身必員旁龍側面向一邊非

[illegible]直長

惟岡脊有如此。石頭背面亦同然。
龍有三體。高山立體。低山坐體。平地眠體。皆結地。
啖蔗錄。俗喜起伏。豈知平走為奇。俗喜直長。豈知
横潤為貴。葉九升云。世人論龍多喜起伏。不知起
伏是枝龍之體度。若大幹龍不論高山平岡。挺腰
直行。並無起伏。若能平行數里。貴不可言。里許亦
貴。半里數箭亦結貴地。世人論龍多喜直長。不知
直長是賤龍之體度。若貴龍不論高山平岡。張翅

橫闊始能大。迎大送成許多美格。無論枝幹。俱出
大。貴按大龍平行則有陽配陰且凡龍穿田則脫
盡殺氣故結福德大地
梧桐枝龍旁分均勻芍藥枝配合亦均楊柳枝偏。
房分不勻更有枝脚一邊長一邊短本不均勻却
節節中出枝短一邊有一大枝纏送到頭謂之捲
簾殿試。玉髓經却有偏生極貴龍名為捲簾登殿
試不論偏斜黃甲及第。

龍格

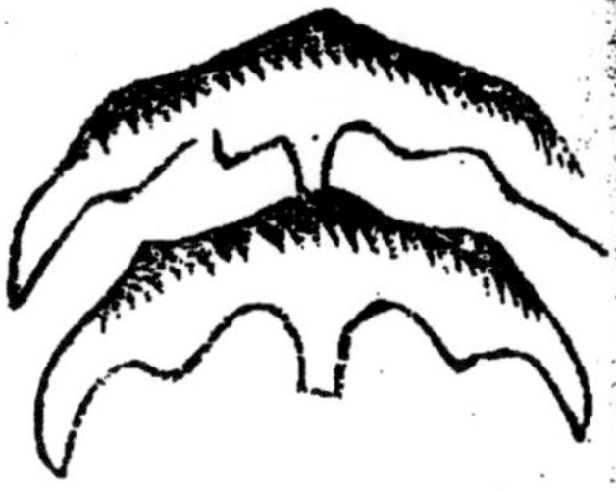

梧桐枝

捲簾殿試

芍藥枝

杷梓枝

蒹葭枝

梅花格

楊柳枝偏。于一邊房。分不知。龍真亦出貴。胡姓墳合。此出提督。

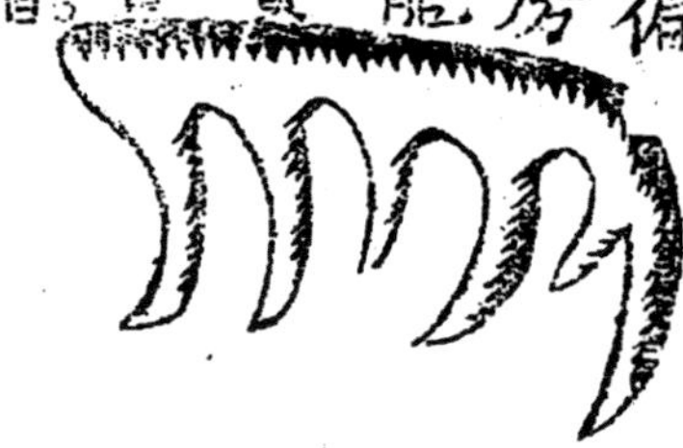

過峽

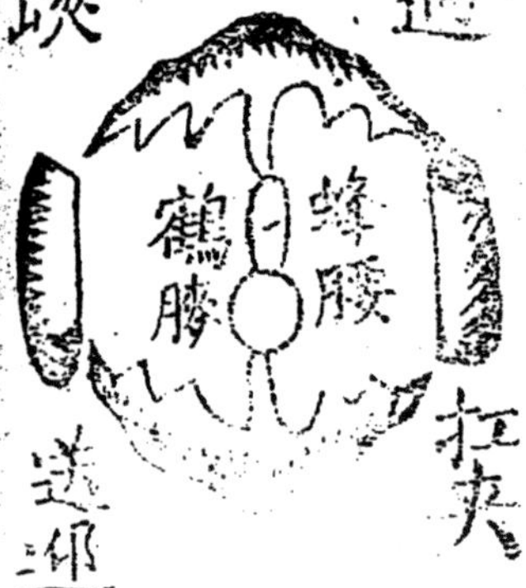

蟠龍形

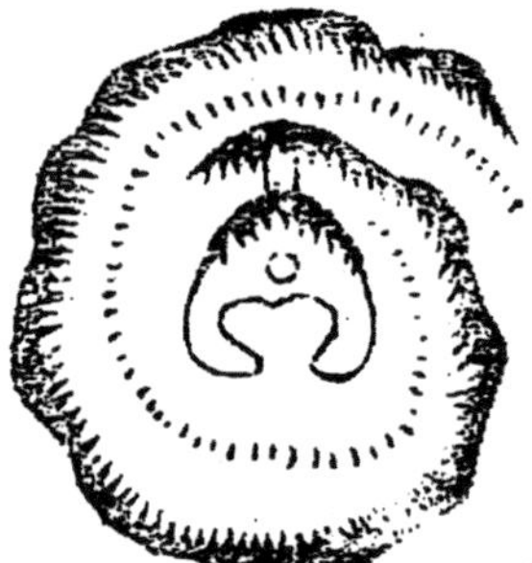

五星聚講

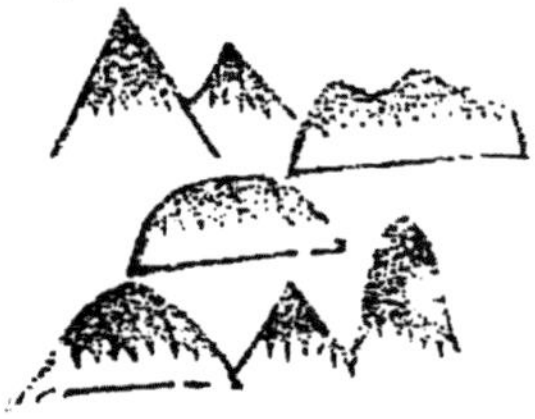

丁字帳

十字帳

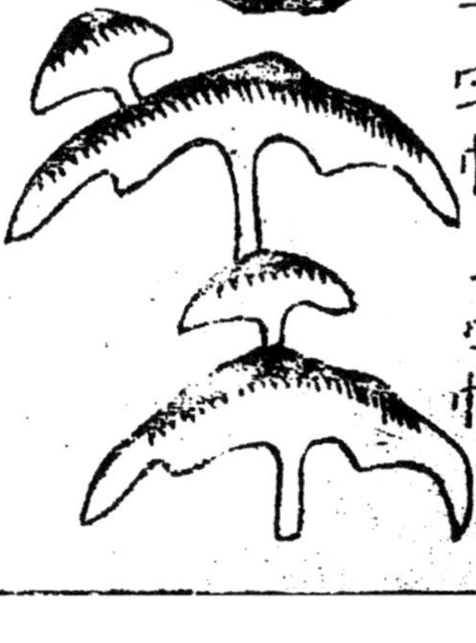

五星歸垣

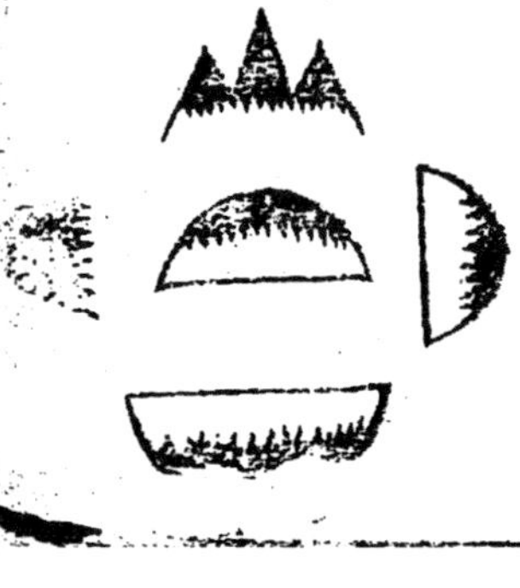

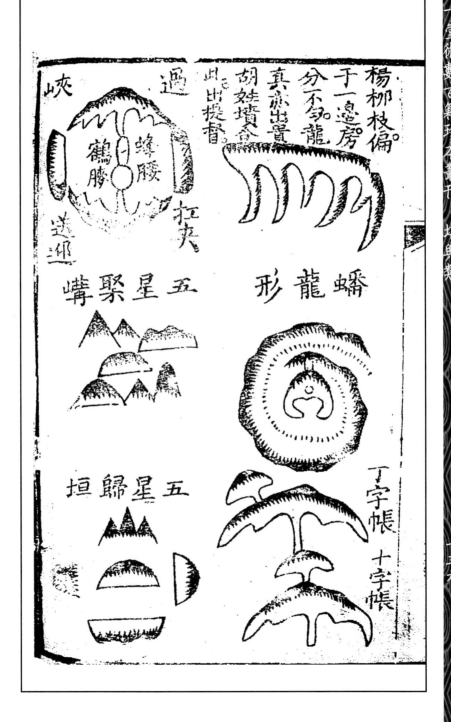

龍法出脉化氣論以下三條本地趨下求真

龍訣云那枝虛花那枝實祇在陰陽化氣覓心腰中出陽生脉前去定結真奇穴貫頂飽面陰死脉前去定作羅城列叠脉從面出是氣得化而生也脉從背出是氣未化而死也面之形平凹如掌心其脉或從胸心出或在臍腹出或在陰囊出是為真龍何也脉脊為陰令化平凹為陽陰陽交姤化為生也背之形拱覆如龜背如懷胎其脉貫頂直

破而下是為僞龍何也脉脊為陰今拱背又為陰是為純陰陰氣不化而為死也即罡殺也然面出之脉多在旁偷側閃背出之脉多在中峯貫頂直顯而下俗眼見貫頂顯露又在中峯認作龍身偷閃隱微認為砂體誤矣尋龍者見背出則捨之見面出則跟之逐節步去步至灣聚佈局之所是龍見窠而棲之處也遂于灣聚中之中股各處尋穴若得穴象再証之于局砂堂形等法則真

陽異五音數

星四偏

龍真穴未有不得者矣

高大峯巒化氣論

凡見高峯大嶺當觀星體化氣化氣有陰星要問陽星陽星要問陰星也龍山九星貪狼廉貞武曲破軍輔星為陽星巨門祿存文曲弼星為陰星龍身不相間則無化氣也又高大粗蠢為權星低小員秀為吉星無權星則龍力輕無吉星則殺不化有殺為權有吉為解則龍有化氣是吉龍矣

俗眼錯認

低小山化氣論

低小山高低平等形多似金。要有化氣方能結作若陰氣未化決無真穴。脊化氣只脊背面。面者或平。凹如掌。或削平如鏡面。背者或拱脊如龜背或員滿如懷胎。龍者見背出脉則捨之。見面出脉則跟之。然面出之脉多偏閃旁側。脉勢柔軟。小嶺形多不正。俗眼認作砂體。背出之脉多是中抽。脉勢雄急。山嶺形多正。俗眼認作真龍。所以留

吉地而待有德者賴斯秘以待之也

峯巒化氣是論星體之陰陽出脉化氣是論背面之陰陽背屬陰陰主死故背出脉為死氣面屬陽陽主生故面出脉為生氣明乎此則臨山步龍不走錯路矣

論去水　去水穴少有佳者

葬書風水之法得水為上藏風次之俗師多葬去水則不得水多葬山頂則不藏風無不敗絕雪心

賦穴裏風須廻避莫教割耳吹胸面前水要之玄
最怕當心直去
地學山至盡頭如鎗頭鼠尾拖鎗卧劒斷不可當
頭下穴蓋直岡窮盡皆殺氣也頂殺焉得不絕露
風走水焉得不貧
又云真龍開局中間那去山還有幾十座展開手
脚百千里枝枝廻轉為城郭大盡之龍在中間窮
盡非盡盡還錯人說盡龍我說窮窮盡如何又不

勿葬窮池

印龍盡盡鍾山水氣龍窮水劫又風衝要保子孫望長久教君慎勿葬窮龍

雪心賦覆宗絕嗣皆因水盡山窮滅族亡家必是砂飛水走窮盡之龍多是去水水去風來故絕開人字者財絕人不絕

疑龍經君如尋得幹龍窮二水相交穴受風蓋因不識真龍脉故把絕地作氣鍾

風水口義二水夾出莫當前宜在左邊或右邊裨

報好局
照進好

仙倒杖須横作下手雖空也進田。二水夾出莫當中當中水去十分凶翻身轉向朝来脉發福綿綿為坐空

可怪今人多塟去水地謂之胎向胎流墓向墓流水去風来無不傾敗即如余祖塟去水地又兼竄沙以致房屋不保矣并離鄉有明徵矣余嘗云穴前朝水福豐隆環遶横平亦有功切忌牽牛去水地十坟埋下九坟家即出貴亦少結局戒之

水法

凡水来要之玄。去要曲折，橫要湾抱，逆要遮攔，流要平緩，渚要澄清，遠不欲小，近不欲割，大不欲蕩，對不欲斜，高不欲撲，低不欲傾，靜不欲動，衆不欲分，合此者吉，反此者凶，至於專論方位，不論水之形勢性情，則非也。

穴前水

穴前以朝水曲來為上，橫抱穴之，若橫水過而又

得倉板水朝亦佳雪心賦九曲入明堂當朝宰相
明堂三折水位至三公曲水来朝不拘大澗與小
澗倉板水至惟有田潮勝海潮六圖地學九曲朝
来人大貴之玄流去産奇英不如橫過如弓抱一
切平安久福人
最忌面前直来直去之水秘要云直入如鎗立見
災殃挺出如箭災殃立見黃囊經去水直最堪傷
堂水傾瀉响琅琅真氣盡從流水去主人喪禍如

驅羊更有少亡蠱產死退官失職賣田庄來水直亦非祥刺穴傷心亦可當東西折斷風来往斬頭徒配起刑傷水主動故其應速如此

九曲朝來大拜金階

九曲流去亦吉。

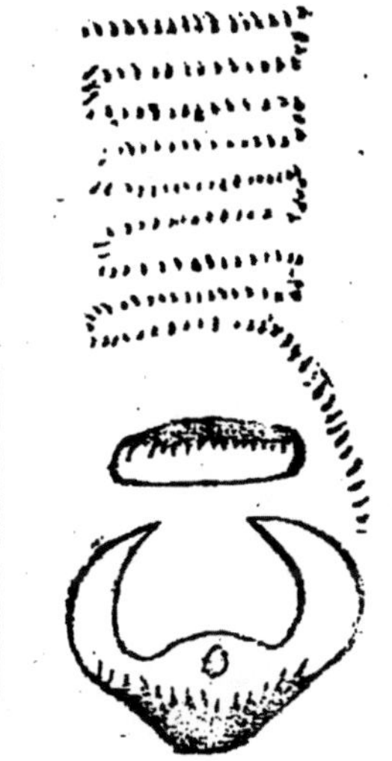

倉板來朝富貴英豪一名玉階水皺箕水。

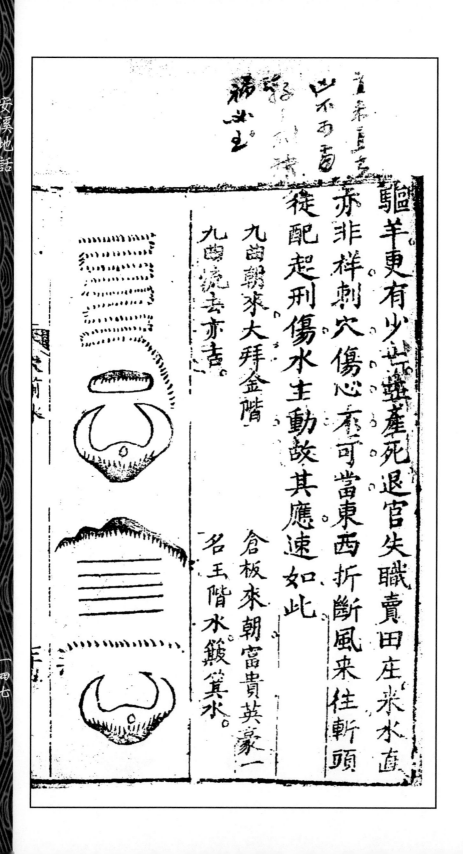

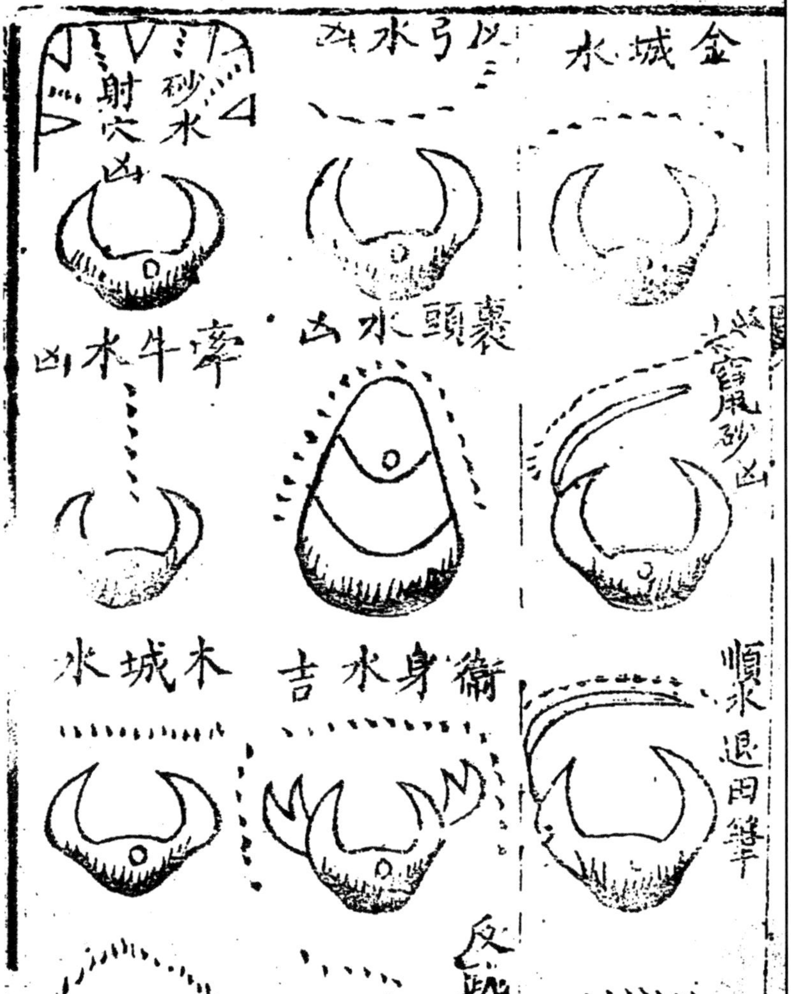
金城水
反弓水凶
砂水射穴凶
尖窩風砂凶
裹頭水凶
牽牛水凶
順水退田筆
衛身水吉
木城水
逆水進田筆
反跳水凶
火城水凶

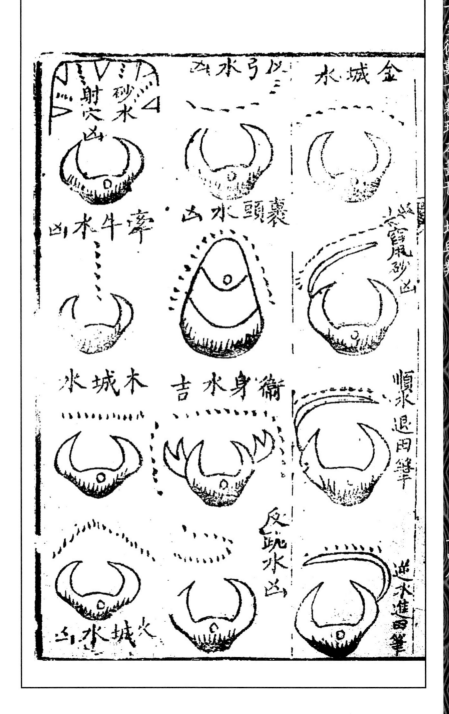

穴之向
非其要
以堂局
証穴

重在此

立向

穴山結穴不拘定正面左右肩角亦結正面者多假真穴多在偏坡但立向或向山或向水務要堂局中正一有偏側則堂局水城皆偏甚下禍生切不可依羅經消水立向不可以求生氣外失堂氣曠向亦宜周正俗師歪斜難看至有倒蠻者害人甚矣

點穴

窩鉗乳突界水要分明上有分下有合上分名蝦

乘金下
穿空生此
許未知方
否

蝦蟆眼水下合名金魚水有影無形所謂氣止水盛
交方是穴也水分處土微高微員員即金乘金即
乘此金相水即相比合水處以立向也
乘金一名分金分金分金者分成金字之而土之紋路起
人字水從人字兩邊分去方不入井中謂之外暈
即天輪影也又井中土暈起人字亦名分金即內
暈也穴真方有此分井中必不生水俗師以羅盤
上丙子丙午半頗為分金一毫千里矣

蓋穴
粘穴
倚穴
撞穴

卷三

塟法蓋粘倚撞吞吐浮沉

來勢徐緩作蓋穴。然亦要留頂腦。後要有靠樂。不可露風。所謂塟頂休傷腦也。來勢雄急作粘穴。然亦要留脚。忌水淋穴背也。來勢直硬作倚穴。挨旁放棺。然亦須靠來脉。不可就虛脫氣。來勢中和作撞穴。然亦有輕撞重撞之分。惟視脉氣之厚薄以為準。

火木不可蓋。火塟其焰則焚。木塟其末則危也。水

棄陽所
取
[illegible]下砂云
之摧死
之
緊要訣

土豈能粘土塑其飽豈可脫而粘水堆其湧豈可
緩而粘土星塑倚則崩也
頂薄忌羞縫薄忌粘詳加斟酌斜鋪难倚澗鋪难
撞細為消詳
堪輿云龍虎沙高者爲死矮者爲生長者爲死短
者爲生直者爲死曲者爲生大者爲死小者爲生
先到者爲生後到者爲死點穴要棄死撲生下沙
爲財沙立向穿下沙謂之穿緊財頭雖不可拘亦是一法

一字字遷
往上往下
一言穴法

開金井的處說

地學求真穴既點定于穴中再審開井之的處全要曉得移步換形之工夫苟明乎此斷無不的之處假如往上一步便見露風或是鬥殺或是頑硬或兩邊之山其情就有不專之處如此便要退下假如退下一步便見脫氣或是露風或兩邊之山其情就有不專之處如此便要往上總要上不露風亦鬥殺頑硬下不脫氣露風兩邊之山面情專

挨右挨左
心定穴法
必的有情
方面的處

照方為的處
上下既定再看左右如何如過左一步便見內堂
形不周正或聚水處偏在一邊或前後之山情就
不專如此便要過右如過右一步內堂形就不周
正或水偏一邊或前後山其情不專如此便要過
左總要堂形周正水聚不偏前山後山面情專照
方為的處

三．要有生氣

六骸骨

七土棺底

開穴淺深

孟天其云開金井要淺深得宜當淺而深氣從上過必生泥水當深而淺氣從下過必生虫蟻難以預定莫妙於臨時斟酌驗其土色以準之益堅細而不鬆油潤而不燥質明而不暗此生氣之土也若薄則開下一尺三四寸若厚則開下一尺七八寸只要包過棺內骸骨不必論棺之高低也要多留氣土以墊棺底使其運蒸悠久不可伐盡氣土

開穴

虎

受冷犯濕不可救也

土色

石山土穴有異紋如花樣者有異色鮮明如錦繡者有紅如硃砂白如鉛粉者有方圈員圈長圈光潤如嫩泥似土而非土也土山石穴有梭子紋梹榔紋龜背紋或點點雜出而具五色者皆脆嫩濕潤似石而非石也如此等類皆生氣融結而成至貴之穴也

穴暈論內外
粗暈嫩土沒有土
暈來

穴有暈有外暈有內暈外暈憑以開穴內[illegible]下棺暈有暈心多是碗大一團白土滋潤如泥適當金井正中乃為得穴外暈即天輪影也

暈中看穿山有如粗暈是石嫩暈是土其粗暈上必有一條嫩土穿山而來這便是真穿山穿過粗暈發開為穴真氣嫩土透地而出這便是真透地

真穴不能多藏一棺而已龍長力大窩鉗穴方可下雙棺多則破暈必敗

以上所論有氣之土是在有穴有局處論若無穴無局處縱有好土亦是腐骨也然亦不可拘泥儘有好地無好穴土而發富貴者重在形勢合法也

壙中論

葬書乾如聚粟濕如刲肉水泉砂礫皆為凶宅六經註云水火者生氣之根也土中之煖氣火也土中之潤氣水也精神交融煖潤相蒸而生氣出焉故煖而不潤有火無水則燥烈燥烈者殺氣也

乘之則發凶禍潤而不煖有水無火則卑濕卑濕
者死氣也乘之則主退敗觀此可知壙中亦乾濕
得宜水火既濟乾而不燥潤而不濕所謂滋潤有
煖氣是也
壙中要清氣微和者有煖氣此為上吉若燥氣薰
人薰人是濁氣非吉氣也葬之大凶有冷氣不吉
六圍地學固有燥地穿深洞藏骸其中歷年不壞
葬人則絕嗣是何故哉乾燥亦凶徵也吉穴潤澤

但不汎汎洳非明哲惡知之
俗人修空壙以內有汗珠為吉余見塟十餘年開
看壙中有汗珠而棺中有水數寸深者則何說也
俗人以窨蔭堆為憑余見窨蔭堆數年穀生秧蚕
不壞紅緞色不變修成空壙仍放蚕穀其中數年
開看壙中有汗珠穀生秧蚕好紅緞好方塟人數
年開看生水泥虫蟻有塟至二三十年開看壙中
乾燥筋骨皆成粉碎者又何說也總之形勢不合

法龍穴即不真雖有汗珠穀蛋不壞紅色不變而不吉形勢合法龍穴必真即無汗珠穀蛋壞紅色變而亦吉何也地理號形家其憑則在形勢合法而不在試空壙窖蔭堆也

開看舊墳壙中有水泥人知其不吉壙中乾燥人便以為吉而不知乾燥之害甚于泥水余見棺中壙中有水泥遷去别葬家中未見發凶棺中壙中乾燥仍封閉不遷一二年損四五人七八人者多

矣乾燥之害甚于泥水其誰知之
形勢不合法地固不吉亦有地吉葬凶而变者地
吉人凶而变者未可概論也
四神口訣貴顯大地有天主宰不可求小地處處
有之無求不得疑龍經是真不必問大小積小成
大最為妙是者一墳非者多縱有大地力分了又
曰大地難求小易求積累不已成山邱衆墳合力
小成大小地亦能生公侯

作坟法

世俗作坟不得其法。開金井只與棺槨一樣。寬四方高皆堅實。中間一坑。高處水從矮處流坟。又開裂。陽水流入井中。雖有內溝溝眼如指大。有水必有泥。浮泥一塞。水從何出。受害即此。作法金井要開得寬。除作坟堆外。左右面前三方要餘幾尺。與井底一樣平。槨外四方作溝。後高前低。用炭渣填實。溝眼要寬。不怕泥塞。坟用墻捶堅築坟外左右堂地要留幾尺寬比井底矮七八寸內高外低坎前第一台尺餘寬比井底矮七八寸第二台比第一台又矮七八寸皆內高外低坎後畧作高些陽水俱從四方流去從何入井坎即開裂有水亦多亦浸得出若停蓄不出是陰水非陽水也

求地辨

孟天其云仁人孝子苟竭誠求地以安親天豈肯阻人行孝而不假以吉地哉但求地有二真一在積德葢積德為求地之本卜氏云吉地為神之所司善人必天之克相由此觀之則知積德善人未有不得吉地者也一在擇師得師則得地矣葢山川不言其情自見苟遇名師安能遁其情哉但所謂名師者學形家又認得山形水勢者也若法家

之師。雖千百中。亦少人認得形勢也。至得地之大小。亦視其德之厚薄。德厚得大地。德薄得小地。若無德而多過。雖遇名師。亦難得真穴。冥冥中有主之者也。吾願天下之求地者。以積德為本。以擇師為要。庶乎安親可望矣。

出脈

龍訣。看太少出脈形。只喜陽生不喜陰陰脈龍節行到此。子孫退敗見伶丁

凡地。要龍真脈真穴方真龍假脈假穴即假出脈處。平坦為陽脈拱覆為陰脈陽為生陰為死故脈宜陽不宜陰也龍節與穴遠陰脈猶可入首二三節。又要陽脈不然主凶

一龍訣。龍若無水不能生經云。此水不在大體上相

出脉斷伏處若三擺三動或有水珠盧鞭蜂腰鶴膝走馬串珠拋梭織錦之玄人字凡細巧曲折皆是一點真水成胎前去必結真穴無此穴假又有王字壬字工字脉尤為貴徵

龍身　開帳過峽

龍訣貴龍重重穿出帳賤龍無帳空雄壯帳幕多時貴亦多一重只是富豪樣又云看龍專看龍過峽峽與穴情一般法過峽有扛並有護氣被風吹

他的祖坟是真地或平穩地今新塟的又[illegible]故塟下即發也他的祖坟是假地今新塟的又是假地故塟下即敗也亦有真地龍老局寬發得遲假地穴美堂好敗得漫着此又不可不知也

或又曰俗言福人塟福地人死地開花地不必求乎答曰福人塟福地言造福之人方塟發福之地是劝人造福求地非謂不必求也若平日不求死後荒茫草率了事害及父母禍遺子孫後雖悔之

亦無及矣但是福有厚薄德有大小德之極大者
或不謀而偶合或名師見德指點此鬼神使之然
千百中一遇耳若德之小者及無德無過者必須
專意苦求然後可得不然斷無得地之理世人平
日毫無善狀一死即說他是有福氣之人享富貴
之地有是理乎痴人說夢其誰信之至於不善之
家無論不求即費千百用心苦求必逢青盲假術
或執己見而自誤或已葬真地因事故而更改此

亦鬼神使然。吾願世之求地安親者。急早積德培
養心地。有孝弟忠信禮義廉恥之德。而又公平正
直。厚道待人。不枉取人錢。不過取人錢。矜孤恤寡
敬老。憐貧。必得吉地矣。
又問曰。富貴貧賤。世人多言命相生成。子獨言出
於地蔭。何也。答曰。地蔭乃屬前定。而命相是後起。
子孫是祖宗遺體。祖宗屍骸隨地而葬。子孫命相
亦因地而出。如祖宗葬富貴之地。蔭出子孫是富

貴命相。祖宗塋窮絕之地。蔭出子孫窮絕命相。天下之人事不齊由於天下之地形不一。故有生同年月日時此人富貴彼人貧窮此人貌美彼人貌陋若非各人祖坟所蔭使然安有命同而興敗殊同也何世人只信命相而於祖塋之所蔭反爲不足信甚至鄙爲妄談其亦不揣其本矣

或又曰葬親以落土爲安若遍處尋地是將親骸以求富貴似非人子所宜爲答曰得上爲安其得

有氣之土始安乎抑得泉蟻之土亦安乎試問安與不安觀之魂能言乎曰不能曾開棺看乎曰未看既不能言又未開看何由知其安也此乃惜財薄親者畏難苟安隨便了事苟且塞責妄說安字以謝責耳豈知得土為安必免土中之患而後安須塟於山水氣鍾之處槨內之氣溫熱熱則免土中之患而骨色燦華亡者安寧生者發福若塟於山水氣散之處槨內之氣冷凝冷則未免土中之

患。而體零骨腐。亡靈不安。子孫敗絕。不孝莫大焉。古人云。生順則死安。先靈之安與不安。無從實知。惟有子孫可驗。子孫興旺。則知先靈安。子孫衰敗。則知先靈不安。蓋子孫根係於祖宗。根好枝必茂。根壞枝必傷。此一脉相通。千古不易之理也。昔程子論五患當除。朱子三遷其母。賢哲擇地之慎重。班班可考。而惜財畏難者。妄言落土爲安。以謝責。豈人子之心所安哉。

此因地理錯誤已極。無人講究形勢。有心求地者不得其人。余因照前人書略述其端。引人入門不至錯。非敢著書行世也。但地理無窮。須多看形勢書。多走山上山。要形家名師指點龍穴沙水氣脉。學到十分方可行。若祇見此書遂行。必誤大事。救世金丹有言。庸醫妄診。地師淺怨結萬年。絶代。三慎之戒之。

終

安溪余天藻謹識

占筮類			
1	擲地金聲搜精秘訣	心一堂編	沈氏研易樓藏稀見易占秘鈔本
2	卜易拆字秘傳百日通	心一堂編	
3	易占陽宅六十四卦秘斷	心一堂編	火珠林占陽宅風水秘鈔本
星命類			
4	斗數宣微	【民國】王裁珊	民初最重要斗數著述之一；未刪改本
5	斗數觀測錄	【民國】王裁珊	失傳民初斗數重要著作
6	《地星會源》《斗數綱要》合刊	心一堂編	失傳的第三種飛星斗數
7	《斗數秘鈔》《紫微斗數之捷徑》合刊	心一堂編	珍稀「紫微斗數」舊鈔秘本
8	斗數演例	心一堂編	
9	紫微斗數全書（清初刻原本）	題【宋】陳希夷	斗數全書本來面目；有別於錯誤極多的坊本
10－12	鐵板神數（清刻足本）——附秘鈔密碼表	題【宋】邵雍	無錯漏原版秘鈔密碼表　首次公開！
13－15	蠢子數纏度	題【宋】邵雍	蠢子數連密碼表打破數百年秘傳　首次公開！
16－19	皇極數	題【宋】邵雍	清鈔孤本附起例及完整密碼表研究神數必讀！
20－21	邵夫子先天神數	題【宋】邵雍	附手鈔密碼表研究神數必讀！
22	八刻分經定數（密碼表）	題【宋】邵雍	皇極數另一版本；附手鈔密碼表
23	新命理探原	【民國】袁樹珊	子平命理必讀教科書！
24－25	袁氏命譜	【民國】袁樹珊	
26	韋氏命學講義	【民國】韋千里	民初二大命理家南袁北韋
27	千里命稿	【民國】韋千里	
28	精選命理約言	【民國】韋千里	北韋之命理經典
29	滴天髓闡微——附李雨田命理初學捷徑	【民國】袁樹珊、李雨田	命理經典未刪改足本
30	段氏白話命學綱要	【民國】段方	民初命理經典最淺白易懂
31	命理用神精華	【民國】王心田	學命理者之寶鏡

32	命學探驪集	【民國】張巢雲	發前人所未發 稀見民初子平命理著作
33	澹園命談	【民國】高澹園	
34	算命一讀通——鴻福齊天	【民國】不空居士、覺先居士合纂	
35	子平玄理	【民國】施惕君	
36	星命風水秘傳百日通	心一堂編	
37	命理大四字金前定	題【晉】鬼谷子王詡	源自元代算命術
38	命理斷語義理源深	心一堂編	稀見清代批命斷語及活套
39－40	文武星案	【明】陸位	失傳四百年《張果星宗》姊妹篇 千多星盤命例 研究命學必備
相術類			
41	新相人學講義	【民國】楊叔和	失傳民初白話文相術書
42	手相學淺說	【民國】黃龍	民初中西結合手相學經典
43	大清相法	心一堂編	重現失傳經典相書
44	相法易知	心一堂編	
45	相法秘傳百日通	心一堂編	
堪輿類			
46	靈城精義箋	【清】沈竹礽	沈氏玄空遺珍 玄空風水必讀
47	地理辨正抉要	【清】沈竹礽	
48	《玄空古義四種通釋》《地理疑義答問》合刊	沈瓞民	
49	《沈氏玄空吹虀室雜存》《玄空捷訣》合刊	【民國】申聽禪	
50	漢鏡齋堪輿小識	【民國】查國珍、沈瓞民	
51	堪輿一覽	【清】孫竹田	失傳已久的無常派玄空經典
52	章仲山挨星秘訣（修定版）	【清】章仲山	章仲山無常派玄空珍秘 門內秘本首次公開 沈竹礽等大師尋覓一生末得之珍本！
53	臨穴指南	【清】章仲山	
54	章仲山宅案附無常派玄空秘要	心一堂編	
55	地理辨正補	【清】朱小鶴	玄空六派蘇州派代表作
56	陽宅覺元氏新書	【清】元祝垚	簡易・有效・神驗之玄空陽宅法
57	地學鐵骨秘　附　吳師青藏命理大易數	【民國】吳師青	釋玄空廣東派地學之秘
58－61	四秘全書十二種（清刻原本）	【清】尹一勺	玄空湘楚派經典本來面目 有別於錯誤極多的坊本

62	地理辨正補註　附 元空秘旨　天元五歌　玄空精髓　心法秘訣等數種合刊	【民國】胡仲言	貫通易理、巒頭、三元、三合、天星、中醫
63	地理辨正自解	【清】李思白	公開玄空家「分率尺、工部尺、量天尺」之秘
64	許氏地理辨正釋義	【民國】許錦灝	民國易學名家黃元炳力薦
65	地理辨正天玉經內傳要訣圖解	【清】程懷榮	秘訣一語道破，圖文并茂
66	謝氏地理書	【民國】謝復	玄空體用兼備、深入淺出
67	論山水元運易理斷驗、三元氣運說附紫白訣等五種合刊	【宋】吳景鸞等	失傳古本《玄空秘旨》《紫白訣》
68	星卦奧義圖訣	【清】施安仁	三元玄空門內秘笈　清鈔孤本 過去均為必須守秘不能公開秘密 與今天流行飛星法不同
69	三元地學秘傳	【清】何文源	
70	三元玄空挨星四十八局圖說	心一堂編	
71	三元挨星秘訣仙傳	心一堂編	
72	三元地理正傳	心一堂編	
73	三元天心正運	心一堂編	
74	元空紫白陽宅秘旨	心一堂編	
75	玄空挨星秘圖　附 堪輿指迷	心一堂編	
76	姚氏地理辨正圖說　附 地理九星并挨星真訣全圖　秘傳河圖精義等數種合刊	【清】姚文田等	
77	元空法鑑批點本——附 法鑑口授訣要、秘傳玄空三鑑奧義匯鈔　合刊	【清】曾懷玉等	蓮池心法　玄空六法 門內秘鈔本首次公開
78	元空法鑑心法	【清】曾懷玉等	
79	曾懷玉增批蔣徒傳天玉經補註【新修訂版原（彩）色本】	【清】項木林、曾懷玉	
80	地理學新義	【民國】俞仁宇撰	
81	地理辨正揭隱（足本）　附連城派秘鈔口訣	【民國】王邈達	揭開連城派風水之秘
82	趙連城傳地理秘訣附雪庵和尚字字金	【明】趙連城	
83	趙連城秘傳楊公地理真訣	【明】趙連城	
84	地理法門全書	仗溪子、芝罘子	巒頭風水，內容簡核、深入淺出
85	地理方外別傳	【清】熙齋上人	巒頭形勢、「望氣」「鑑神」
86	地理輯要	【清】余鵬	集地理經典之精要
87	地理秘珍	【清】錫九氏	巒頭、三合天星，圖文並茂
88	《羅經舉要》附《附三合天機秘訣》	【清】賈長吉	清鈔孤本羅經、三合訣法圖解
89-90	嚴陵張九儀增釋地理琢玉斧巒	【清】張九儀	清初三合風水名家張九儀經典清刻原本！